PURE STYLE
OUTSIDE

PURE STYLE
OUTSIDE

Ideen für Garten, Terrasse und Balkon

JANE CUMBERBATCH

FOTOGRAFIEN VON

PIA TRYDE

Originaltitel: Pure Style Outside, Accessible ideas for making the most of your outside space

© 1998 Text: Jane Cumberbatch
© 1998 Layout und Fotografien: Ryland Peters & Small
© 1999 der deutschsprachigen Ausgabe: DuMont Buchverlag, Köln

Alle deutschsprachigen Rechte vorbehalten

Aus dem Englischen von Elisabeth Müller

Redaktion und Satz der deutschsprachigen Ausgabe: Wallstein Verlag GmbH, Göttingen

Umschlaggestaltung: Nicole Hardegen

Printed and bound in China

ISBN 3-7701-4477-5

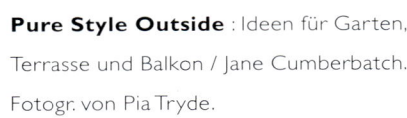

Die Deutsche Bibliothek –
CIP-Einheitsaufnahme

Pure Style Outside : Ideen für Garten, Terrasse und Balkon / Jane Cumberbatch. Fotogr. von Pia Tryde.
[Aus dem Engl. von Elisabeth Müller]. – Köln : DuMont, 1999
Einheitssacht.: Pure style outside <dt.>

ISBN 3-7701-4477-5

Inhalt

PURE STYLE OUTSIDE: NEUE IDEEN FÜR
EIN STILVOLLES LEBEN IM FREIEN.

EINLEITUNG

Pure Style Outside ist kein Gartenbuch mit ein-
schüchternden lateinischen Namen, undurchführ-
baren Pflanzplänen, modischen Zuchtblumen und
großartigen Gartenmöbeln. Es soll dazu beitra-
gen, aus Ihrem Raum im Freien, wie klein er auch
sei, ob Balkon, Gemüsebeet oder Hinterhof, das
Beste zu machen. *Pure Style Outside* gibt Anregungen für stilvolle Zusammenstellungen von hübschen, zweckmäßigen Elementen und einfallsrei-
che Lösungen, um Ihren Freiraum im Grünen so
farbenprächtig, abwechslungsreich, sinnlich und
angenehm zu gestalten wie jeden Raum im Haus.

EINLEITUNG

In *Pure Style Outside* geht es um Farben – die Palette der Naturtöne aus Himmelblau, Rosenrot, Sonnengelb und Salatgrün – und um darauf abgestimmte Gestaltungsideen mit verschiedensten Elementen: weißes Segeltuch, minzgrüne Rankgitter oder terrakottafarbene Mauern. Es geht um Oberflächen und Strukturen und ihre Komposition zu einem lebendigen, organischen Raum im Freien, zum Beispiel Türen und Wände mit abblätternder Farbe, rostige Metallmöbel, glänzende Gartengeräte, wettergegerbte, erdige Blumentöpfe und moosbedeckte, sonnengebleichte Fliesen. *Pure Style Outside* ist praxisnah und übernimmt regionale Besonderheiten für alles: vom Zaun bis zum Gartengerät. Es enthält eine Fülle von Pflanzideen, nicht nur für leuchtende Dahlien, Kletterrosen und Zaunwinden oder aufragenden Fingerhut und Rittersporn, sondern auch für Topf- und Beetkulturen von Basilikum, Rosmarin, Thymian und Pfefferminze bis zu Gemüsepflanzen, wie Tomaten, Gurken, Bohnen und Salat. Die meisten hier besprochenen Pflanzen sind zwar nicht außergewöhnlich, aber doch ein Augen- oder Gaumenschmaus, und sie sind aus Samen, Knollen oder Jungpflanzen leicht selbst zu ziehen.

PURE STYLE OUTSIDE IST

ein Bekenntnis zur Freude an elementaren Erfahrungen, die in der Hektik des Alltags oft untergehen, wie dem Genuß selbstgezogener Kräuter oder Tomaten, dem Schneiden der eigenen Rosen für den Tischschmuck oder dem ungestörten Frieden eines Sommerabends unter klarem Sternenhimmel. *Pure Style Outside* schließt sich mit seinen Ideen für einen Nutzgarten dem Trend zur natürlichen, gesunden Ernährung an, der nach Unabhängigkeit von dem faden, vakuumverpackten Obst und Gemüse aus dem Supermarkt strebt. Es rückt die dekorativen Aspekte des Gartenlebens in den Blick und macht Vorschläge für die Gestaltung Ihrer Wohnräume im Freien mit hochwertigen, strapazierfähigen Stoffen, einfachen Gartenmöbeln und schlichtem, aber hübschem Geschirr. *Pure Style Outside* enthält Anregungen für schmackhafte Gartengerichte aus einfachen selbstgezogenen Zutaten – Nudeln mit Tomatensauce, gegrilltes Gemüse und aromatische Tees. Und schließlich führt Sie *Pure Style Outside* an die sinnliche Wahrnehmung von Erde und Wasser, Licht und Schatten, Düften und Formen heran, die Sie die Natur als lebendigen, atmenden Ort erleben lassen – zum Beispiel die erfrischende Kühle eines regennassen Gartens oder das Streicheln eines dichten, seidigen Rasens unter den nackten Füßen.

ELEMEN

TE

Organische Formen und Farben bringen Leben in Ihren Raum im Freien. Mit wenig Aufwand und einfachen Geräten läßt sich viel erreichen. Lassen Sie sich von den unterschiedlichen regionalen Stilen zu dekorativen, nützlichen Details inspirieren. Wählen Sie farbenfrohe, leicht zu ziehende Blumen, und statten Sie Ihren Bereich im Freien mit Stoffen und Möbeln zu einem komfortablen Plätzchen aus.

Farben

Farben verändern sich fortwährend, je nach Jahreszeit, Wetter und Tageszeit. Eine von der Sonne angestrahlte weiße Mauer blendet die Augen so stark, daß man die Sonnenbrille hervorholt, während an trüben Tagen die Farbintensität zunimmt, so daß die Farben aus dem Grau regelrecht hervorzuspringen scheinen. Nutzen Sie alle Möglichkeiten, Ihren Platz im Freien farbig zu gestalten. Das kleinste Detail hat seine eigene Schönheit, zum Beispiel eine weiße Kletterrose, grüne Erbsenschoten und Bohnen, die auf einem Gemüsebeet wachsen, ein Tisch im Schatten mit einer strahlend weißen Tischdecke und Schüsseln voll grünem Salat. Mit einfachen Farbzusammenstellungen können Sie eindrucksvolle Akzente setzen: eine Reihe leuchtend gelber Sonnenblumen, eine weiße, mit blauen Winden berankte Mauer, ein blaßgrün gestrichener Blumenkasten mit Zwerglavendel. Wenn das Laub bei Frühlingsbeginn noch spärlich ist, können Sie dem Grün nachhelfen, indem Sie Schuppen und Zäune in einem naturgrünen Farbton anstreichen, wie im traditionellen Schrebergarten, oder bei der Farbgebung von Fensterläden und Türen mit Blau und Weiß dem Stil der Dörfer am Mittelmeer folgen. Mit farbigen Kissen und Sonnendächern können Sie Ihren Raum im Freien gemütlich gestalten. Klassisch ist die Kombination von Blau und Weiß, während Grellorange neben Pink gewagter ist.

Weiß

Schlichtes Weiß ist der Traum eines jeden Puristen und gleichzeitig sehr vielseitig: Weiße Blumen heben das Grün des umgebenden Laubs hervor, und weißes Zubehör verbreitet Frische. Obwohl ich farbige Pflanzungen durchaus zu schätzen weiß, ziehe ich in meinem eigenen Garten weiße Blumen vor, weil sie dem überreizten Auge des Städters als Erholung und Wohltat dienen. Jedes Jahr freue ich mich schon im voraus auf den süßen Duft, den meine weiße Kletterrose 'Madame Alfred Carrière' entfaltet – eine alte Sorte für schattige Standorte – und im Mai ergötze ich mich an Hunderten sternförmiger, weißer Blüten einer *Clematis montana*, die am Geländer meiner Dachterrasse rankt. Die weniger üppige C. 'Henryi' treibt im Sommer große weiße Blüten und bevorzugt schattige Standorte. Fingerhut setzt mit seinen aufragenden Blütenähren Akzente

in der Höhe und lockt Bienen an. Für sofortigen Schmuck im Blumenkasten sorgen bei mir vorgezogene weiße Astern, die ich im Frühsommer in der Gärtnerei kaufe. Der Stil sonniger Mittelmeerpatios läßt sich mit weißer Außenfarbe leicht nachempfinden. Bei mir wird alles durch einen weißen Anstrich verwandelt: Wände, Blumentöpfe, Möbel und Rankgitter. Wenn die Farbe abgenutzt ist, helfe ich einfach mit einer neuen Farbschicht nach, obwohl abblätternde Farbe durchaus auch ihren Reiz hat. Weiße Kissen und Stoffe sind draußen sehr dekorativ, allerdings zugegebenermaßen etwas unpraktisch. Immerhin lassen sich Tischdecken aus alten Laken und Kissenbezüge oder Sonnendächer aus vorgewaschenem Segeltuch in einer gemeinsamen Waschmaschinenladung problemlos reinigen, so daß alles zusammen wieder frisch und sauber wird.

Blau

Blau sind Himmel und Meer, und blaue Hyazinthen, Schmuck-lilien und Rittersporn passen zu Rosa, Weiß oder Gelb. Eine einfarbige blaue Pflanzung – Trichterwinden an einer Mauer, eine Reihe Kornblumen vor einem Zaun, ein Beet mit schilf-artiger Iris – erregt Aufsehen. Flotte Farben für Schuppen und Blumenkästen sind die hellen, luftigen Blautöne der Küste. Las-sen Sie sich von den Dörfern der Ägäis inspirieren, und ver-mischen Sie für den Anstrich Ihrer Wannen und Blumentöpfe ein wenig blaue Abtönfarbe mit weißer Binderfarbe, um ein lichtes Meerblau zu erzielen. Ein weißer Patio wirkt mit Kissen und Decken in Blau und Weiß ausnehmend attraktiv, während preiswerte himmelblaue Plastikdecken und -teller draußen nicht nur praktisch sind, sondern auch fröhlich wirken.

Grün

Ein Nutzgarten stellt das ganze Spektrum
dieser Farbe zur Schau: grünvioletter Kohl,
lindgrüner Salat und glänzende Erbsen in
dunkelgrünen Hülsen. Wie stark verbreitet
diese Farbe in der Natur auch sein mag,
silbriggrüner Lavendel, tiefgrün glänzender
Rosmarin, zartgrüner Frauenmantel und sogar ein sattgrünes Rasenstück erfreuen das
Auge mit ihrem besonderen Farbton. Das frische, junge Laub entfaltet sich im Frühjahr in
einem zarten Gelbgrün und geht allmählich
in sattere Töne über. Ein Schrebergartengrün,
mit dem ganze Generationen von Kleingärt-

nern ihre Zäune, Schuppen, Türen und Bänke gestrichen haben, paßt sich unaufdringlich der natürlichen Umgebung an. Ergänzen Sie die noch spärliche Belaubung im Frühjahr, indem Sie Bänke, Tische, Stühle oder eine Tür in einem der Farbtöne zwischen Oliv und blassem Blattgrün streichen. Meer- und Minzgrün sind modernere Nuancen mit einem mediterranen Touch, die ganz besonders gut neben Zinkeimern oder rosa- und lavendelfarbenen Blumen zur Geltung kommen. Grünweiß gestreiftes Segeltuch ist hervorragend geeignet für Liegestühle und findet sich zuweilen noch im Angebot herkömmlicher Eisenwarenhändler.

Rosa

Rosa ist ein Klassiker im Garten. Garten-
bücher schwelgen in der Hochglanzpracht
ganzer Beete voller rosa und lila Rittersporn, Fingerhut, Rosen und Gartenwicken – eigentlich fehlt nur noch man
selbst mit Gartenschürze, Strohhut und
Gartenschere. Die Natur kombiniert Rosa
mit Grün auf sehr harmonische Weise,
zum Beispiel bei Lavendelähren mit ihren
silbriggrünen Stengeln oder dem rosafarbenen Fingerhut auf seinen zartgrünen
Stielen. Ich liebe den Anblick rosafarbener
Spalierrosen und buschig verzweigter
Stockrosen als Zierde einer Gartenmauer.
Die kugeligen purpurrosa Zierlauchblüten
vermitteln den Eindruck von Höhe, und im
herkömmlichen Garten werden rosafarbene Polsterstauden für Einfassungen und

Ränder bevorzugt. Rosa bringt auch Leben auf den Sommertisch. Ich besitze eine besonders hübsche Tischdecke und Stuhlkissen aus einem Baumwollstoff in einem alten provenzalischen Laura-Ashley-Design. Karierte Servietten in Pink und Orange kommen sehr gut vor dem Hintergrund einer weißen Tischdecke zur Geltung, während dunkelrosa Platzdeckchen mit lindgrünen Servietten harmonieren und Sträuße aus Rosen und Frauenmantel die reinste Augenweide sind. Servieren Sie dazu eine farblich passende rote Grütze oder selbstgemachtes Erdbeereis.

Orange

müsegarten eine wahre Pracht – sie halten im übrigen auch Raupen und Schnecken fern –, orangene Lilien im Topf sind edle Pflanzen für den Balkon und die Terrasse. Orange und Rosa ergänzen sich wunderbar – versuchen Sie einmal orangene Zuchtrosen mit altmodischen Rosa- und Kirschtönen zu kombinieren. Außerdem gibt es in der Familie der Dahlien unzählige Varietäten in Orange und Pink,

Grell bepflanzte Parkanlagen haben die Farbe Orange bei vielen Hobbygärtnern in Mißkredit gebracht. Obwohl orangene Farbtupfer im klassischen Landhausbeet in Weiß, Rosa und Violett nicht gerade willkommen sind, ist es eine herrlich gewagte, warme Farbe, die einen Raum im Freien zusätzlich zum Leuchten bringen und beleben kann. Ringelblumen sind im Ge-

im Topf zu ziehen, rankt an Stäben hoch und bildet zahllose eßbare orangene, gelbe und scharlachrote Blüten. Einladend leuchten auch die üppigen Orangenbäume an manchen südeuropäischen Straßen. Eine Schale mit saftigen Orangen und ihren Blättern ist als Tischschmuck genauso entzückend wie dichte Ringelblumensträuße in weißen Krügen.

die bis vor kurzem noch als kitschig galten. Dahlien sind wunderhübsch, wenn sie auf einem sorgfältig gepflegten Blumenbeet – zum Beispiel im Gemüsegarten – gezogen werden, und kommen als Schnittblumen schon in einem einfachen Einmachglas hervorragend zur Wirkung. Einer Samentüte mit Kapuzinerkresse kann ich trotz meiner Vorliebe für Weiß kaum widerstehen. Kapuzinerkresse ist problemlos

Gelb

In Stadt- und Landgärten vertreiben wahre Eruptionen gelber Narzissen und Tulpen im Frühjahr das letzte Grau des Winters. An meinem Küchenfenster verströmen dann Töpfe und Blumenkästen mit Zwergnarzissen und Osterglocken ihren betörenden Duft. Als Kind pflanzte ich jedes Jahr Osterglockenzwiebeln, die ich bis zum Frühjahr in meinem Schrank überwintern ließ, um dann fasziniert zu beobachten, wie sie neu austrieben und

unzählige gelbe Blütenkelche hervorbrachten. Auch Sonnenblumen faszinieren mich, und ich staune jedesmal über die riesigen Blütenköpfe, die sie schon nach wenigen Wochen in die Höhe recken. Versuchen Sie einmal als natürliche Gartengrenze eine Reihe Sonnenblumen anzupflanzen, oder verwenden Sie sie als Windschutz. Zu meinen anderen gelbblühenden Lieblingsgewächsen gehören Geißblatt, das aus Ablegern leicht zu ziehen ist und besonders in den Abendstunden seinen wunderbaren Duft entfaltet, und blaßgelbe Stockrosen als Türschmuck zu beiden Seiten eines Eingangs. Ein Tisch im Freien wirkt in Gelb und Grün sehr stilvoll. Servieren Sie gegrillte Zucchini mit ihren eßbaren gelben Blüten als Delikatesse aus dem eigenen Garten und zum Nachtisch vielleicht saftige Pfirsiche in buttergelben Keramikschüsseln.

Oberflächen

Organische, natürliche und künstliche Oberflächen ergeben zusammen einen lebendigen, atmenden Raum im Freien. Die Natur unterzieht die Materialien einer fortwährenden Veränderung – so ist sonnentrockenes Terrakotta nach dem Regen tiefbraun und glänzend. Viele Oberflächen werden vom Alter und vom Wetter ›veredelt‹, denken Sie nur an die abblätternde Farbe eines alten Gartentischs, der jeder Witterung ausgesetzt bleibt, an das silbrig-graue Holz eines wettergegerbten Eichenstuhls oder an die mit Moos überzogene, bröselige Außenseite eines alten Tontopfs. Für Beeteinfassungen und Zäune stehen Materialien wie alte Ziegelsteine, Holzlatten und Draht zur Verfügung. Als Bodenbelag kann dagegen ein Pflaster aus Ziegelsteinen im Fischgrätmuster dienen; auch quadratische Tonfliesen, im Schachbrettmuster verlegt, sehen sehr hübsch aus; ausgewaschene York-Platten ergeben aneinandergereiht einen bequemen Pfad. Ferner sind Kieselpflaster, ein Kiesbelag und ein weicher Rasen als Bodenbelag für Wege oder zwischen den Beeten sehr praktisch. Wasser schafft sinnliche,

kühlende Oberflächen – ein ausgedienter Spülstein mit einer Schicht Kies und Muscheln ergibt schon ein kleines Gartenbassin. Möbel aus Rohrgeflecht und Rattan sowie rauhes Segeltuch passen mit ihren Strukturen am besten in die natürliche Gartenumgebung.

Strukturen

Kontrastierende Strukturen sorgen im Garten für Überraschung und Abwechslung, und sie schmeicheln den Sinnen, zum Beispiel rauhes Eisen, abblätternde Farbe, Knäuel fransiger Schnüre – die im Garten vielseitig Verwendung finden – und Reisigbesen mit Borsten aus störrischen Zweigen. Allein die Berührung eines spröden Blumentopfes, das Anfassen eines verwitterten Holzkübels und der Hautkontakt mit der kühlen Glätte des Gerätemetalls macht die Gartenarbeit zum sinnlichen Erlebnis. Nach dem Gehen auf hartem

Asphalt können sich die Füße des Städters auf weichem Rasen oder duftenden Kräuterteppichen aus Thymian und Kamille erholen. Einen Kiesweg entlangzugehen oder ein Sonnenbad auf moosbedeckten Steinplatten oder auf von der Sonne aufgeheizten Teakdielen zu nehmen – die übrigens als Bodenbelag in der Nähe des Gartenteichs sehr zu empfehlen sind – bedeutet Entspannung und Erholung. Wählen Sie groben Segeltuchstoff für Sitzbezüge und Sonnendächer. Lassen Sie die unterschiedlichen Strukturen eines trockenen Gartens und der regennassen Erde mit Pflanzen, die sich unter der Last glitzernder Tropfen neigen, auf sich wirken.

Welchen Bodenbelag Sie für Ihren Gartenbereich wählen, ist sowohl in praktischer als auch in ästhetischer Hinsicht von Bedeutung. Der Hof hinter meinem Haus ist mit dunkelroten Ziegelsteinen gepflastert, die wir vor zehn Jahren aus einem Abrißhaus in Cambridgeshire holten. Die Ziegel sind so ausgetreten und verwaschen, daß sie aus der Zeit des Hausbaus vor fast 300 Jahren stammen könnten. Um

Bodenbelag

Unterteilung und öffnen interessante, manchmal unerwartete Ausblicke. In den Catskill Mountains (USA) habe ich mir einen winzigen Gemüse- und Blumengarten angeschaut, der kreuz und quer von festgestampften Wegen durchzogen war – diese Idee hatte der Besitzer aus seiner Heimat in den Südstaaten mitgebracht. In Connecticut entdeckte ich

die Ursprünglichkeit dieses Bodenbelags zu erhalten, fege ich ihn einmal wöchentlich mit einem harten Besen, spritze ihn dann mit dem Schlauch ab und sprühe eine milde Bleichlösung darauf, um glitschige Moosbildung zu verhindern. Alte, cremegelbe Steinplatten waren meine Alternative, doch wären ihr Transport und das Verlegen sehr viel teurer gewesen. Wege geben dem Garten eine optische

sind für die nackten Füße an kühlen Abenden die reinste Wohltat. In Frankreich, Spanien und Italien bieten Baustoffhandlungen solche Terrakottafliesen sehr günstig an, in anderen Ländern sind sie Importware. Wenn Sie Zeit haben, sollten Sie auf die Suche gehen nach Fliesen aus alten Bauernhäusern. Rauhe, unebene Pflaster sind sehr reizvoll. Ich habe eine Vorliebe für die mit Bruchmarmor ge-

dagegen einen mit unebenen Ziegelwegen eher ›formell‹ unterteilten Kräuter- und Gemüsegarten. Der Londoner Schrebergarten eines Freundes wiederum ist über unterschiedliche Steinplatten begehbar. Glatte Terrakottafliesen, in schlichten geometrischen Schachbrettmustern verlegt, passen hervorragend zu sonnigen Mittelmeerpatios; sie halten die Wärme und

besonders schwer und empfehlen sich daher für Dachgärten und kleine Terrassen. Nicht vergessen werden darf der ›Naturbelag‹ in Form eines weichen, grünen Rasens – oder, etwas exquisiter, ein Kräuterteppich aus Kamille oder Thymian, der, in die Ritzen zwischen Ihre Steinplatten eingepflanzt, beim Betreten seinen aromatischen Wohlgeruch verströmt.

pflasterten Patios und Gassen in manchen spanischen Dörfern. Ein Kiesweg knirscht angenehm unter den Füßen und benötigt kaum Pflege. Im Fachhandel wartet ein reiches Sortiment – vom runden Pflasterstein aus weißem Marmor über grünen Marmor- und Strandkies bis hin zu Muschel- und Terrakottabruch – auf Sie. Holzdielen aus Kiefernholz oder Teak erinnern an Küstenpromenaden, sind nicht

Grenzen

Die allerersten Gärten wurden aus praktischen Gründen eingefaßt – zum Schutz der Privatsphäre, gegen tierische Räuber oder einfach, um ein bebautes Stück Land einzufrieden. Gärten, die von roten Ziegelsteinmauern umgeben sind, schützen die Pflanzen nicht nur vor Frost, sondern wirken auch romantisch und geheimnisvoll. Besichtigen Sie einmal alte, ummauerte Gärten an historischen Stätten, wie Holkham-Hall in Norfolk, und entdecken Sie sie als Quelle der Inspiration. Oder lassen Sie sich bei der Wahl einer Einfassung für Ihren Garten von regionalen Besonderheiten anregen: Ein gleichmäßiger neuenglischer Staketenzaun ist reizend und dürfte in jedem gut sortierten Garten-Center vorrätig sein. Der überall verbreitete Lattenzaun kann weiß oder naturgrün gestrichen werden, aber auch unbehandelt bleiben und macht sich immer gut. Aus Stöcken oder Hürden lassen sich hübsche, rustikale Zäune für kleine Gemüsegärten selber basteln, und eine Reihe Spalierbäume oder formgeschnittener Buchsbaumhecken geben hübsche natürliche Gartengrenzen ab. Als dekorative Beetumrandung eignen sich glatte Kiesel, geflochtene Hürden oder ausgezackte viktorianische Terrakotta-

fliesen. Auch die Hausfassade ist eine Begrenzung. Selbst beim Aufstellen eines Blumenkastens spielen die Farbe und Struktur der umgebenden Hausfassade eine Rolle. Ein weiß gestrichener Blumenkasten, der mit Margeriten bepflanzt ist und vor einer weißen Holzwand steht, entspricht dem neuenglischen Landhausstil; weißgekalkte Wände liegen dagegen

ganz im Stil des Mittelmeers und sind
übrigens sehr zu empfehlen für kleine
Innenhöfe, denn sie reflektieren das Licht
und lassen den Hof größer erscheinen.
Eine Ziegelfassade sieht mit Kletterrosen
und Geißblatt berankt entzückend aus,
und glatte Fertighauswände verlangen
danach, mit Farbe aufgemuntert zu werden. Ein kräftiges Rot – in den USA und
Skandinavien überall an Schuppen und
Holzhäusern zu sehen – paßt als Hintergrund zu Pflanzen und Gartenmöbeln. Ich
habe ein neues Stück Mauer blaugrün
gestrichen und zur Dekoration meine Sai-
sonpflanzen sowie einen geschnittenen
Buchsbaum im Blecheimer davor gestellt.

Praktisches Gärtnern

Erfolgreiche Gärtner gehen mit Methode vor und nehmen ihre Pflichten sehr ernst. Sie schwören auf gute, einfache Geräte und lieben leidenschaftlich alles, was wächst. Schuppen, Gartenhäuschen und andere überdachte Plätze dienen ihnen zur Unterbringung ihrer sämtlichen Gartenutensilien, ob Grillkohle, Blumentöpfe oder Werkzeug. Die preiswerteste Lösung ist ein selbstgebauter Geräteschuppen aus alten Brettern, Balken und ausgedienten Türen. Ein Gewächshaus ist praktisch zur Aufzucht zarter Sämlinge, zur Überwinterung von Schnittlingen und als Schutzraum für frostempfindliche Obst- und Gemüsepflanzen. Das allseits beliebte Gartenhäuschen ist in verschiedenster Ausführung in jeder Gartenkolonie zu sehen und meistens mit allem möglichen vollgestellt, von Gummistiefeln, Bambusstangen, Saatschalen und Geräten bis hin zu altmodischen Giftspritzen. Zum unentbehrlichen Gartenzubehör gehört ein Kompostbehälter für Grasschnitt, Blätter und anderes Mulchmaterial. Schaffen Sie Ihren Gartenutensilien auch in der Stadt einen trockenen Unterschlupf, zum Beispiel unter einem Pultdach. Stapeln Sie die Töpfe in bunt gestrichene Obstkisten, nehmen Sie einen Beistelltisch zum Umtopfen und hängen Sie Regale für Geräte auf oder Haken für Schnüre und Bast. Für einen Fenstergarten hat das Nötigste auch in einer Leinentasche Platz.

Gartenhaus

In England fährt die Bahn vor jeder größeren Stadt durch einen wahren ›Flickenteppich‹ aus bunten Schrebergärten, deren Parzellen oft zwischen Busdepots und Strommasten gelegen sind. Die Besitzer und Gärtner sind zumeist erfahrene Selbstversorger, die ihre Gärten schon seit dreißig oder mehr Jahren pflegen, und junge Familien, die ihren Kindern beibringen möchten, daß das Obst und Gemüse in der freien Natur wächst und nicht aus der Plastikverpackung im Supermarkt stammt. Ein Gartenhaus gehört zu jeder dieser Parzellen, ganz gleich, ob improvisiert oder aufwendig, und ein Blick hinein würde wohl überall dasselbe zutage bringen: Liegestühle, auf Holzstecken aufgespießte Plastikflaschen als Vogelscheuchen, Schnüre, Bast, Joghurtbecher zur Anzucht von Sämlingen und alle möglichen Gerätschaften. Nutz- und Kleingärten müssen rund ums Jahr gepflegt und gehegt werden: Im Frühjahr schlagen die ersten Blumenzwiebeln aus, und der Boden muß durch Umgraben und Düngung auf die Pflanzung vorbereitet werden. Im Sommer reifen Obst und Gemüse, es müssen Unkraut gejätet und die Pflanzen recht häufig gegossen werden, bis schließlich im Herbst bei vielen Pflanzen ein Rückschnitt fällig ist und geerntet werden kann. Kleingärten brauchen einen nahrhaften, durchlässigen Boden, der sich möglichst einfach von Unkräutern freihalten läßt. Am besten ist dafür leichte, krümelige Erde geeignet, die für die lebensnotwendigen Mikroorganismen ausreichend belüftet ist. Ist die Erde trocken und hart oder naß und verklebt, muß reichlich organisches Material eingearbeitet werden, um sie aufzulockern. Es gibt einfache Geräte, die den Säuregehalt des Bodens angeben – ein pH-Wert von 6,5 ist für gewöhnlich ideal. Umweltbewußte Gärtner legen sich für das natürliche Düngen einen Komposthaufen an und pflanzen gegen Schnecken und Raupen Ringelblumen, statt auf umweltschädliche Schädlingsbekämpfungsmittel zurückzugreifen. Auf sehr kleinem Raum ist der Gebrauch von Fertigdünger aber fast unvermeidlich. Ich nehme Knochenmehl und ernähre Rosen, Rittersporn, Fingerhut, Klematis, Kräuter und Salat einmal wöchentlich mit Flüssigdünger. Außerdem besorge ich mir von einem Reiterhof gut verrotteten Pferdemist und verteile ihn großzügig im Frühsommer und Herbst. Wer Platz hat, sollte einen Kompost mit Kaffeesatz, Gemüseabfall, Mist und Grasschnitt ansetzen, der, regelmäßig gesprengt und zur Belüftung gewendet, wahre Wunder wirken kann.

Rankhilfen

Es ist in Mode gekommen, von Kapuzinerkresse über Tomaten bis hin zu Kletterbohnen und Wicken, alles an Stäben
ranken zu lassen, die in Wigwamform aufgestellt werden. Die Idee stammt aus der
Bohnenzucht, ist einfach, dekorativ und
sehr nützlich, um den Pflanzen Halt zu
geben. Als hübsche Alternative zur Unterstützung von Bohnen und anderen Kletter-
ern, die keine schweren Früchte aus-
bilden, bietet sich eine Reihe aus dicht
gesteckten Stöcken an, dagegen sind
›Hecken‹ aus dünnen Ruten ideal, um
Gartenwicken sich daran hochwinden zu
lassen. Entzückend sehen Kletterer an
Maschendraht aus oder an einem Rankgitter aus dem Garten-Center, das naturgrün angestrichen wird. Ein solches Gitter
schmückt, mit einer Klematis berankt, eine
unansehnliche Backsteinmauer auf meinem Dachgarten. Lauben, Bögen und Pergolas lassen schattige Ruheplätze entstehen und geben Rosen und anderen
rankenden Zierpflanzen Halt. Einfache
metallene Rosenbögen sind in jedem Garten-Center oder bei einem Versandhänd-
ler zu bekommen – bei den weniger
ansprechenden Ausführungen hilft zur
Verschönerung meist schon ein einfacher
Lackanstrich. Aus Stöcken und Zweigen

können Sie sich eine romantische Pergola selber bauen, aber vergessen Sie nicht, die in der Erde steckenden Enden ihrer Stäbe mit Holzschutzmittel vorzubehandeln, um Fäulnis vorzubeugen! Eine lauschige Weinlaube entsteht, wenn Sie einen Weinstock oder eine andere winterfeste Kletterpflanze an einem Holz- oder Metallgerüst entlangwachsen lassen.

Geräte

Heckenschere mit Holzgriffen für den Rückschnitt
von Hecken und Sträuchern.

Dieses nützliche Set, bestehend aus zwei Gartenkellen
und einer Gabel zum Ein- und Umtopfen, ist ganz
aus Metall und leicht zu reinigen.

Halten Sie einen Reisigbesen bereit, um Blätter und
Zweige zusammenzufegen, und einen Satz Bambusstangen als Pflanzenstützen.

Eine stabile
Gartenkelle ist
wahrscheinlich
das wichtigste
Werkzeug für
einen Topfgarten
in der Stadt.

Da ich über keinen Schuppen verfüge, sind
meine Gartengeräte im alten Kohlenkeller
meines Hauses untergebracht. Die Gießkanne kommt bei heißem Wetter täglich
zum Einsatz, um den Durst der Topfkultu-
ren zu löschen. Schaufel, Gartenkelle und
Gabel stehen griffbereit in einem Topf,
daneben liegen Schere und ein Paar feste
Handschuhe. Außerdem habe ich ein Sortiment aus unterschiedlich langen Stäben,

Eine Plastikschürze
und kunststoffbeschich-
tete Handschuhe
gehören zur praktischen
Kleidung für Gärtner.

Alte bauchige Holzkörbe haben die richtige Form,
um Werkzeuge, Pflanzen und anderes Garten-
zubehör zu transportieren.

Hellgrüne Müllsäcke passen besser in einen Garten als die herkömmlichen blauen oder schwarzen.

Diese Plastiktasche ist billig und vielseitig zum Transportieren von Picknickgeschirr oder von Feuerholz aus dem Schuppen.

Dieses verzinkte, kastenförmige Modell aus der Serie meiner Blechgießkannen läßt sich sehr gut tragen und kippen.

dazu Draht und Kordel zum Aufbinden und Stützen der Pflanzen. Ich halte alte Kleidungsstücke und einige Farbtöpfe bereit, um meine Rankgitter, Blumentöpfe und Möbel frisch zu streichen. Einige Flaschen mit Seifenlauge, die ich gegen Blattläuse einsetze, und ein stärkeres Insektizid zur Bekämpfung der schwarzen Fliege, die sich gerne auf der Kapuzinerkresse breitmacht, ergänzen meine Ausstattung.

Ein Rechen, eine traditionelle Heugabel und ein stabiler Spaten mit Holzgriff sind nützliche Geräte für die Gartenarbeit.

Bast und Kordel sollten Sie stets zur Hand haben, um Tomatenpflanzen anzubinden oder ein Bund Zwiebeln zum Trocknen aufzuhängen.

Kennzeichnen Sie Ihre Beetpflanzen statt mit den eher langweiligen Plastiketiketten mit stilvollen Holz- oder Metallplättchen, die übrigens auch gar nicht teuer sind.

Das beste Schuhwerk für den feuchten Garten sind immer noch Gummistiefel – dieses luxuriöse Paar verwöhnt die Füße mit einem warmen Lederfutter.

Gefäße

Schüsseln, alte Spülsteine, Tontöpfe, Holzkübel, Zinkeimer – fast alles eignet sich als Pflanzgefäß. Mit Blumentöpfen können Sie im Garten Akzente setzen, außerdem lassen sie sich nach Belieben austauschen und umstellen: Postieren Sie zu beiden Seiten einer Tür Kübel mit Buchsbaum oder Lorbeerbäumchen, oder komponieren Sie ein hübsches Arrangement aus Kräutern in Terrakottatöpfen. Auf Fensterbänken und Balkonen können Sie mit Lavendelbüscheln, hängender Kapuzinerkresse, Gemüse oder Kräutern Topfgärten aller Art anlegen. Hölzerne Keimschalen, Blumenkästen im Staketenzaunstil, Tröge oder Körbe bieten einem Sortiment aus Topfkräutern, Frühlingsblühern oder Sommerblumen eine dekorative Heimat. Um mehr Farbe ins Spiel zu bringen, streiche ich die Töpfe in unterschiedlichen Grün- und Blautönen oder einfach weiß an. Ein guter Wasserabzug ist der Schlüssel zum Erfolg. Sie sollten in jeden Topf mit einem Abzugsloch im Boden ein paar Steine legen, bevor Sie ihn mit Erde auffüllen. Eine ausgewogen nährstoffhaltige Erde für die Topfkultur ist leicht, krümelig

und durchlässig. Schwere Böden müssen mit Sand aufgelockert, leichte mit Lehm gemischt werden. Fügen Sie Torf als Nässespeicher und Dünger als Pflanzennahrung hinzu. Wenn Topfpflanzen regelmäßig gedüngt und mit Kompost versorgt werden, gedeihen sie jahrelang in derselben Erde.

Terrakotta

Der Fachhandel importiert aus den Mittelmeerländern wundervolle Terrakottatöpfe, deren Formen vom einfachen Blumenkasten bis hin zur riesigen Ali-Baba-Urne reichen. Im Sperrmüll, auf Flohmärkten oder beim Trödler finden sich manchmal noch handgeformte Blumentöpfe – ich besitze vier oder fünf davon aus den Gewächshäusern eines alten Landsitzes. Fabrikgefertigte Tontöpfe wirken dagegen langweilig, können aber belebt werden, indem Sie ihnen einen Anstrich aus weißer Wandfarbe geben, die mit ein paar Spritzern Grün, Blau oder Terrakotta gemischt ist. Wenn die Töpfe im Freien stehen, zeichnet schon bald die Natur ihre Maserung darauf. Diesen Prozeß können Sie beschleunigen, indem Sie die Außenseite des Topfes mit einer dünnen Schicht Joghurt bestreichen. Klematis, Buschtomaten, Geißblatt und Lavendel wachsen bei mir in riesigen Terrakottatöpfen. Meine hochwachsenden Pflanzen, Fingerhut und Rittersporn, habe ich in Kästen gepflanzt und auf der Terrasse an der Wand aufgereiht. Auf Fensterbänken und Balkonen kann ein vielseitiges Kräutersortiment in Töpfen gezogen werden: Rosmarin, Petersilie, Pfefferminze, Majoran, Rauke, Salbei, Thymian und Basilikum

Dieser langgestreckte Blumentopf mit dem hellgrünen Anstrich ist das ideale Pflanzgefäß für einen Nutzgarten auf dem Dach oder Balkon. Ein ›Wigwam‹ aus Bambusstangen stützt die mit Bast angebundene Kirschtomate.

Hellgrün gestrichene Töpfe mit Zierkohl sehen auf der Fensterbank oder in einer Reihe von drei bis vier Töpfen an der Terrassenwand aufgestellt sehr dekorativ aus.

Ausgemusterte Töpferwaren geben dekorative Pflanzgefäße für Kräuter oder Ziergewächse, wie Stiefmütterchen, ab – sorgen Sie für Wasserabzug!

Eine Terrakotta-Schale kommt mit mehreren niedrigwachsenden Pflanzen, wie Bubikopf, besonders gut zur Geltung.

Ein Rhabarbertopf im Stil des 19. Jahrhunderts kann ohne Deckel als Pflanzgefäß für ein zart rankendes Gewächs oder auch unbepflanzt als Gartenzier aufgestellt werden.

(er ist frostempfindlich und braucht einen sonnigen, geschützten Standort) gedeihen hier täglich gegossen prächtig. Auch Gemüsepflanzen eignen sich für die Topfkultur. Ich ziehe erfolgreich Salat, Busch- und Kirschtomaten. Gegensätzliche Formen ergänzen sich: ein kugeliger Buchsbaum in einem quadratischen Topf, ein aufrechter Buchs- oder Lorbeerbaum in einem runden Gefäß.

von links nach rechts

Stiefmütterchen in einem Wandtopf, der weiß und terrakottafarbig gestrichen älter wirkt; zwei hohe, schmale Tontöpfe mit einer Amaryllis und einem Buchsbaum.

Ein ausrangierter Campingteller aus blauem Email eignet sich als Gefäß für Veilchen und andere Gewächse mit kleinen Blüten.

Krauser Zierkohl in einem verzinkten Metallbehälter ist ein ungewöhnlicher, aber sehr dekorativer Schmuck für den Tisch oder die Fensterbank.

Eine einfache Blechdose ist ideal, um Quecke zu ziehen, deren Wurzelsaft als nahrhaftes Getränk wiederentdeckt wurde.

Die silbriggrünen Blätter und die dekorative Form von duftendem Lavendel passen gut zu Metall- gefäßen wie diesem Floristeneimer.

Ein verwitterter Metalleimer kann das passende Gefäß für einen Buchsbaum abgeben.

Ein Lorbeerbäumchen in einem Blecheimer kann auf einen Tisch gestellt werden, um Höhe zu schaffen.

Metall

Praktisches und einfaches Metallzubehör für den Garten, wie zum Beispiel verzinkte Gießkannen, Abfalleimer und Gartenhäuschen oder Schuppen aus Wellblech, besitzen den Reiz des Urtümlichen und schaffen einen kontrastreichen Hintergrund für die weichen, fließenden Formen der Pflanzen. Eimer, Tröge, Schüsseln und Konservendosen aus Eisen und Blech verführen durch ihre zweckmäßige Schlichtheit – modernere Modelle sorgen für willkommene Abwechslung in der üblichen Tontopfsammlung. Der silbrige Glanz von Metall paßt sehr gut zu Grünpflanzen, und die Marmorierung einer verzinkten Oberfläche harmoniert perfekt mit graugrünem Lavendellaub und dunkelgrün glänzendem Rosmarin. Formgeschnittene Buchsbaum- oder Lorbeerbäumchen entfalten in preiswerten Blecheimern einen überraschend stilvollen Charme. Sogar Konservendosen können sich von einer ganz neuen Seite zeigen: als Vasen für Schnittblumen oder, im Boden mit ein paar Abzugslöchern versehen, als Pflanzgefäße für Kräuter. Besonders in Spanien sieht man alle möglichen Pflanzen, von Geranien bis zu Malven, in riesigen eckigen oder runden Olivenöldosen wachsen.

Ein himmelblauer oder seegrüner Plastiktopf ist eine Alternative zum Tontopf. Gruppieren Sie mehrere davon in der Tischmitte oder auf der Fensterbank.

Diese Torfanzuchttöpfe, deren Form an Eierkartons erinnert, sind in jedem guten Garten-Center erhältlich.

In dieser unbehandelten Holzkiste wirken Thymian und Rosmarin einfach und natürlich.

Holz und Plastik

Einfache weiße Plastikbecher, die man preisgünstig in jedem Supermarkt oder Kaufhaus erstehen kann, sind brauchbare Anzuchttöpfe für Jungpflanzen und Sämlinge.

Zaunförmiger Kasten mit Topfkräutern.

Herkömmliche, einfache Saatschalen aus Holz dienen hier als praktischer und dekorativer Untersatz für Kräuter- und Blumentöpfe.

Eine ausrangierte Holzkiste wird mit mehreren Schichten weißer Wandfarbe in einen einfachen Pflanzkasten für Blumen oder Kräuter verwandelt.

Blumenkästen aus einem Hartholz wie Zeder können unbehandelt bleiben und durch die Witterungseinflüsse im Freien ein herrliches Silbergrau annehmen oder in einem zu den Türen, Wänden und Möbeln passenden Farbton gestrichen werden. Wer nie selbst das Vergnügen hatte, weiß nicht, wie schön es ist, seine eigenen Tomaten zu ernten und selbstgezogene Salatkräuter stets frisch zur Hand zu haben. Alles, was Sie dafür brauchen, ist ein Blumenkasten, den Sie mit Kirschtomaten und mit Schnittlauch und Petersilie bepflanzen. Wenn Sie einen Kasten lieber einheitlich bepflanzen wollen, empfiehlt sich eine Reihe aus weißen oder blauen Hyazinthen, Zwerglavendel, Kapuzinerkresse oder weißen Astern. Tonnenförmige oder eckige Holzkübel sind dekorative, neutrale Pflanzgefäße für Wildblumen, Kräuter, Buchsbaum oder Sonnenblumen. Hölzerne Saatschalen mit verschiedenen Topfkräutern sehen auf Tischen im Freien sehr dekorativ aus. Wagen Sie mit Plastikschüsseln oder -eimern in freundlichen Grün- und Blautönen einen zeitgemäßen Look, aber hüten Sie sich vor leblosen Farben und Formen.

Ein einfacher, häßlicher Blumenkasten aus Plastik bekommt durch einen doppelten hellblauen Anstrich ein modernes Outfit und wirkt mit Zierkohl bepflanzt außerordentlich attraktiv.

Zier- und Nutzpflanzen

Blumen, Kräuter, Gemüse und Obst selbst zu ziehen macht großen Spaß, und selbst ungeübte Gärtner können dabei sehr erfolgreich sein. Einen Blumenkasten zu pflegen oder in einer Wanne Senfrauke aus Samen zu ziehen, macht genauso viel Freude, wie das Planen und Anlegen eines ganzen Gartens. Ich treffe meine Pflanzenauswahl vornehmlich nach der Farbe. Meine Lieblinge rufen Erinnerungen an Kindertage wach, es sind weiße Kletterrosen, lila Zierlauch, weiße und rosaviolette Klematis, rosa Fingerhut, dunkelblauer und lila Rittersporn, Pfingstrosen und Dahlien in Orange, Rosa, Weiß und Rot. Als ungeduldige Gärtnerin kann ich es oft nicht erwarten, bis die auf der Samentüte abgebildeten Blumen in Saft und Kraft vor mir stehen. Zwar ist es ebenso möglich, Schnittlinge, zum Beispiel vom Geißblatt, abzunehmen, sie in die Erde zu stecken und zu beobachten, wie sie zu treiben beginnen, doch ist es in einem turbulenten Haushalt, der wenig Zeit zum Gärtnern läßt, sicher vernünftiger, in Jungpflanzen aus dem Garten-Center zu investieren. Nutzpflanzen können auch auf beengtem Raum gute Erträge bringen: Die Topftomaten auf meinem Dachgarten haben uns dieses Jahr reichlich mit Früchten versorgt, außerdem halte ich Kapuzinerkresse und Rauke, dazu Basilikum, Pfefferminze, Thymian und Rosmarin in Töpfen, um Suppen, Fisch, Fleisch und Salate zu würzen.

Blumen

Ich bin sicher keine Gartenexpertin, denn bei der Auswahl meiner Pflanzen richte ich mich hauptsächlich nach deren Farben. Modische Zuchtsorten interessieren mich überhaupt nicht, und ich begehe wahrscheinlich unverzeihliche gärtnerische Fehler, nur um meine Pflanzung zu einem farblich harmonischen Gesamtbild zu komponieren. Es ist ganz bestimmt unüblich, Tomaten, Kapuzinerkresse und weiße Klematis zusammenzupflanzen – eine Kombination, die ich auf meiner Terrasse angelegt hatte. Diese Pflanzen beleben mit ihrem leuchtenden Orange, Gelb, Rot und Weiß vor einem Hintergrund aus grünem Laub die trostlose Londoner Dächerlandschaft aus Backstein und Zement als fröhlicher Farbfleck. Mein

Traum ist ein vollkommen weißer Garten (und eine ebensolche Inneneinrichtung), duftend, romantisch und das ganze Jahr über blühend. Dafür müßte ich mich aber intensiver mit dem Gartenbau beschäftigen, als mir recht ist. Und ein weißes Interieur ist, solange meine drei Kinder noch im Haus sind, vorläufig auch undenkbar. Deshalb bin ich zu Kompromissen bereit, probiere gerne etwas Neues aus und lerne aus meinen Fehlern. Die Palette meiner Lieblingsfarben umfaßt Weiß, Pink, Lavendel, warme Orange- und Gelbtöne,

gegenüber, von links nach rechts *Blauer Storch-schnabel; aufragender Rittersporn setzt in der Höhe Akzente; Schmucklilie mit kugeligen weißen Blüten-ständen auf schlanken Stengeln; Fingerhut – leicht zu ziehen, aber meist zweijährig –; weiße Veilchen.*
oben *Mohnblumen sind nicht immer rot, es gibt sie auch in Weiß-, Lila- und Blautönen.*
rechts *Passionsblumen sind eifrige Kletterer.*

die sich auch hervorragend miteinander kombinieren lassen. Ich bevorzuge einfarbige Pflanzungen, weil sie Akzente setzen und dem Auge wohltun, zum Beispiel weiße Kletterrosen an einer Mauer, grüner Buchsbaum in einem Kübel oder pinkfarbene Gartenpflanzen am Wegesrand. Wenn ich hochwachsende Pflanzen haben möchte, ziehe ich sehr erfolgreich Fingerhut in großen Töpfen auf der Terrasse, als Zierpflanze eignet sich für diesen Zweck besonders gut der weiße Fingerhut. Jahrelang als Unkraut bekämpft, kommt er heute im Wettstreit der Gärtner um feinste Rosa-, Weiß- und Lilanuancen zu neuen Ehren. Das Pflanzschild meiner zu Recht 'Albino' genannten Fingerhutvarietät zeigt die hohen im Juni und Juli weißblühenden Ähren, und es warnt natürlich vor ihrer Giftigkeit beim Verzehr. Eines Tages werde ich weiße Schmucklilien

mit anmutigen Stengeln als hohes Ziergewächs an einen sonnigen Standort pflanzen. Rittersporn ist wirklich problemlos zu ziehen und mit seinen hohen Ähren aus dichtgedrängten blauen oder lila Blüten durchaus für die Topfkultur geeignet, sofern er regelmäßig mit Knochenmehl und Dünger versorgt wird. Mit Kletterrosen und hängender Klematis lassen sich unschöne Gartenbereiche verdecken. Die Passionsblume ist ein hübscher Kletterer, der an geschützten Standorten sehr gut gedeiht. Ihre Blüten öffnen sich zwar nur einen Tag lang, aber die Passionsblume hat dafür so viele Blüten, daß man sich von Juni bis

gegenüber, von oben nach unten

Pfingstrosen, auch nach einem Regenschauer wunderschön; trichterförmige Windenblüten leben nicht länger als einen Tag; üppige, regengetränkte Sommerrosen.

von oben nach unten *Mohnblumen sind entzückende Wiesenblumen; Storchschnabel wirkt zart und schlicht; Fingerhut paßt sowohl in den Stadt- als auch in den Landhausgarten.*

61

September an ihnen erfreuen kann. Den Blüten folgen dann oft eßbare orangene Früchte. Winden sind einjährige Kletterer, die von Juni bis September mit unzähligen kelchförmigen Blüten in Himmelblau, Magentarot oder Dunkelrosa übersät sind. Die Blüten schließen sich normalerweise schon am frühen Nachmittag, können aber, wenn man sie vor der Mittagshitze beschirmt, auch bis zum Abend geöffnet bleiben. Ein mutiges Farbbekenntnis ist die ausdauernde, im Spätsommer blühende, mehrjährige Dahlie, bekannt als Randbepflanzung für Kartoffel- und Gemüsebeete. Mit zahlreichen Zuchtformen und reizenden Kombinationen von Weiß, Karmesin, Rosa, Gelb und Purpur – bei manchen sogar von zweien dieser Farben an einem Stiel – feiert sie heute im Kleingarten ihr Comeback. Hübsch ist auch die prächtige sommerliche Blüte der orange- oder rosafarbenen Zinnie mit ihren breiten, glatten, gerollten oder gekräuselten Kronblättern. Während weiße Nelken als kitschig gelten, sind rosafarbene derselben Familie ein leicht zu ziehendes, anspruchsloses, altmodisches Ziergewächs.

gegenüber *Dahlien als mutiges Farbbekenntnis.* **von oben nach unten** *Heckenrose in Pink; Kaktusdahlie; Mohnblumen in einer Wiese; selbstgezogene Kapuzinerkresse; ziegelrote Zinnie; hübsche Bauerngartennelken.*

Kräuter

Kräuter sind nicht nur hübsch anzusehen, sie duften auch ganz herrlich und können zum Würzen verwendet werden. Kamille oder Thymian beispielsweise kann man sehr gut zwischen Wegplatten pflanzen, Pfefferminze, Schnittlauch und Petersilie eignen sich als Beetbegrenzungen, Rosmarin oder Lorbeer wachsen als dekorativ geformte Bäumchen. Auf einer Fensterbank oder einem Balkon ist genügend Platz, um einen kleinen Kräutergarten mit den gebräuchlichsten Sorten anzulegen. In der sonnigsten und geschütztesten Ecke meiner Dachterrasse wächst eine Basilikumpflanze, mit deren Blättern ich Salate und Saucen würze – für den Winterbedarf friere ich ein paar Stengel ein. Dort gedeiht auch der bedingt winterharte Salbei, dessen feingehackte Blätter sparsam dosiert zu Salaten und Saucen passen. Wer Rosmarin zieht, kennt den herrlichen Geruch beim Schneiden und weiß, wie köstlich er zu Schwein, Huhn und gegrilltem Gemüse schmeckt. Pfefferminze besitzt einen unwiderstehlichen Duft und Geschmack und breitet sich rasch aus. Mit ihren kleinen Stengeln verziere ich Speiseeis oder würze neue Kartoffeln. Die wohlriechenden Blätter der Zitronenmelisse passen zu Weinpunschen und Salat.

von oben nach unten *Basilikum, köstlich in Salaten und Saucen, gedeiht am besten an sicheren Standorten und ist unbedingt vor Frost zu schützen; Lavendel ist hübsch, duftet gut und ist als Plätzchengewürz verwendbar; Salbei behält im Winter sein Laub und schmeckt hervorragend in Fleischfüllungen und Eintöpfen; Rosmarin verträgt Trockenheit und ist, sparsam verwendet, ein köstliches Gewürz; Zitronenmelisse wächst rasch und eignet sich gut als Punschbeigabe.*

gegenüber *Petersilie ist ein vielseitiges Gewürz, paßt aber vor allem zu Salat.*

Eßbare Blüten

Mit eßbaren Blüten kann man Salate, Nachspeisen und Kuchen originell verzieren und würzen. Gezuckerte Rosenblätter sehen ganz reizend auf Rührkuchen und Kleingebäck aus. Und so wird's gemacht: Rosenblätter im Garten aussuchen und waschen, in gezuckerten Eischnee tauchen und dann trocknen lassen. Auf die gleiche Weise können Sie die Blütenblätter von Veilchen, Geranien und Lavendel zuckern und für Dekorationszwecke haltbar machen. Stiefmütterchen verwandeln Blechkuchen in eßbare Kunstwerke, Ringelblumen schmücken Speiseeis, blaue Borretschblüten – bekannt von eisgekühltem Pimm's und Limonaden – verzieren Gurkensalate. Löwenzahnköpfe und Kapuzinerkresse verleihen grünem Salat farbige Würze, und gelbe Zucchiniblüten, in verquirltes Ei getunkt und kurz gebraten, sind eine leckere Vorspeise, schmecken aber auch roh im Salat.

gegenüber, von oben nach unten *Stiefmütterchen, Borretsch und Rosenblätter sind eine hübsche Dekoration für Kleingebäck und Salat.*
ganz rechts *Kräuter und Blumen.*

rechts *Gegrillte Zucchini dekoriert mit Blüten – neue Früchte entstehen, wenn Sie nicht alle Blüten pflücken.*
unten *Kapuzinerkresseblüten und -blätter schmecken nussig im Salat.*

Früchte

Schon immer haben Samentüten mit ihren verlockenden Bildern einen unwiderstehlichen Reiz auf mich ausgeübt. Obwohl wir in London lebten und kaum Platz für einen Gemüsegarten hatten, zogen meine Eltern während meiner Kindheit Zucchini, Tomaten und Himbeeren, die alle unter bräutlichen Schleiern vor den gefräßigen Vögeln geschützt wurden. Wir hatten zwei große Pflaumenbäume, einer davon ein Victoria, der sich jährlich von der Last dicker, saftiger Pflaumen schwer beugte und darunter zusammenzubrechen drohte. Meine Mutter kochte unermüdlich Pflaumenmus, bis irgendwann der Zeitpunkt gekommen war, an dem meine Schwester und ich keine Pflaumen mehr sehen konnten. Heute lernen meine Familie und ich von den Dorfbewohnern unseres spanischen Feriendomizils, wie man Tomaten setzt, stützt und pflegt, wie man Furchen für Kartoffeln zieht, wie man die Samen aus den Sonnenblumen herauslöst und sogar, wie man Kichererbsen drischt. Aus einer reichen Tomatenernte verarbeiten wir die schönsten Früchte zu eingelegten Tomaten für Wintersalate und Eintopfgerichte. Trotz Schnecken und eines unerklär-

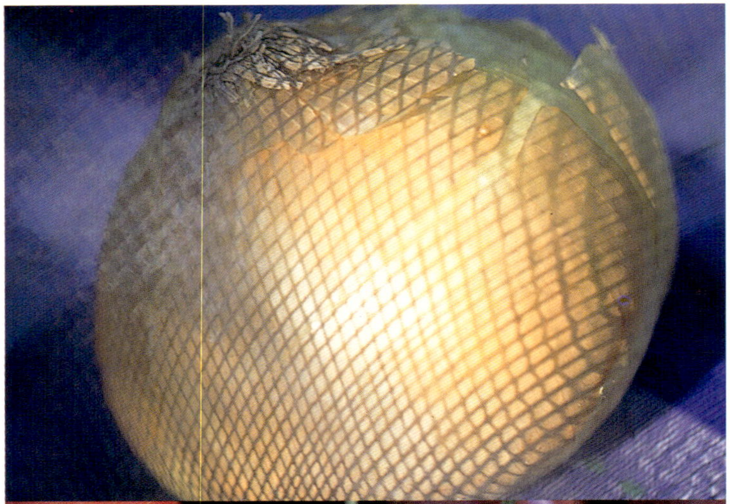

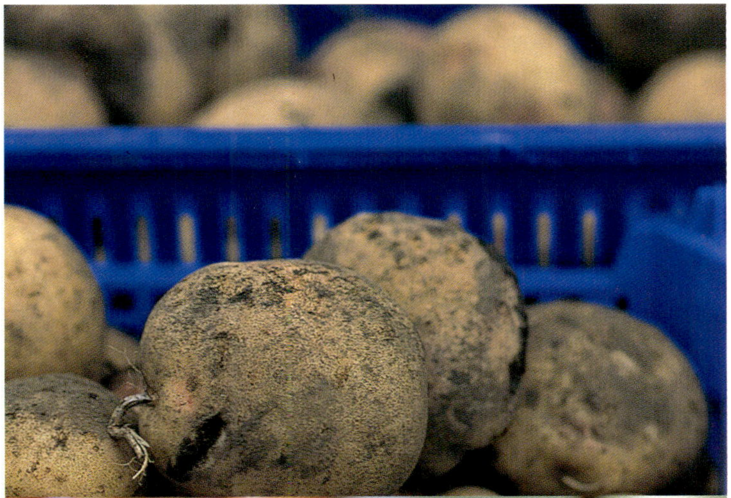

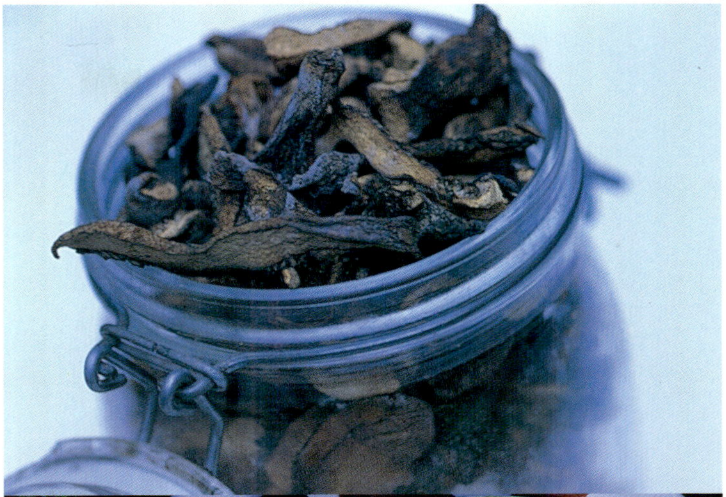

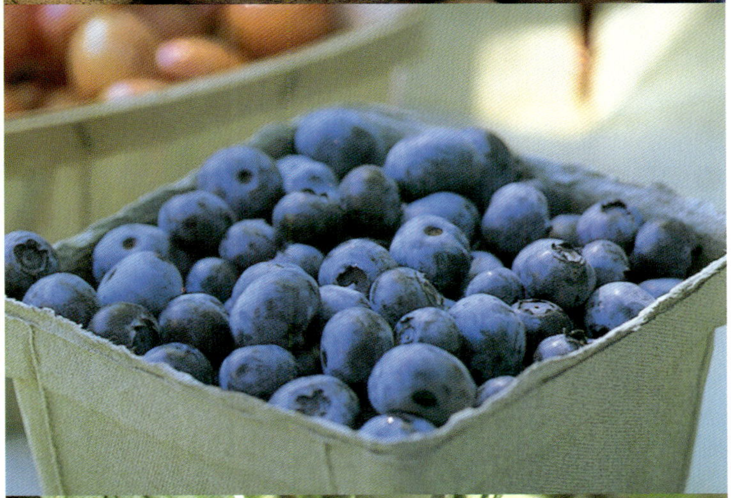

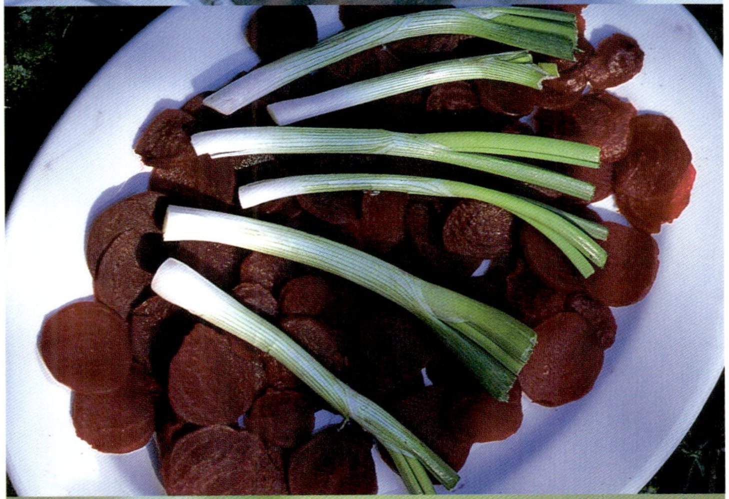

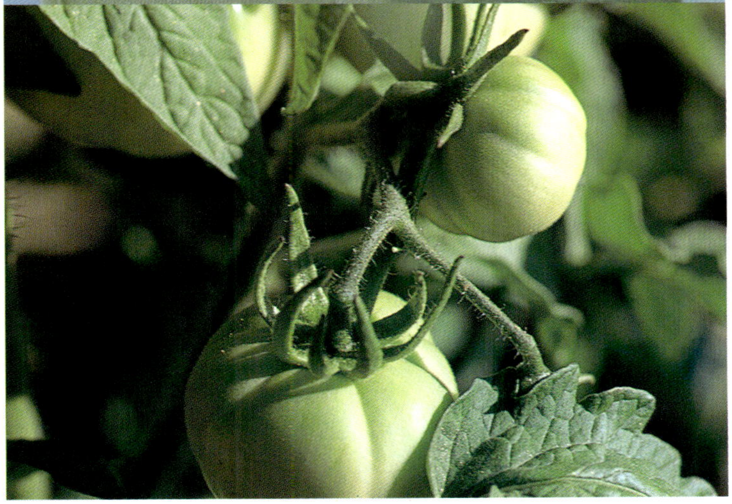

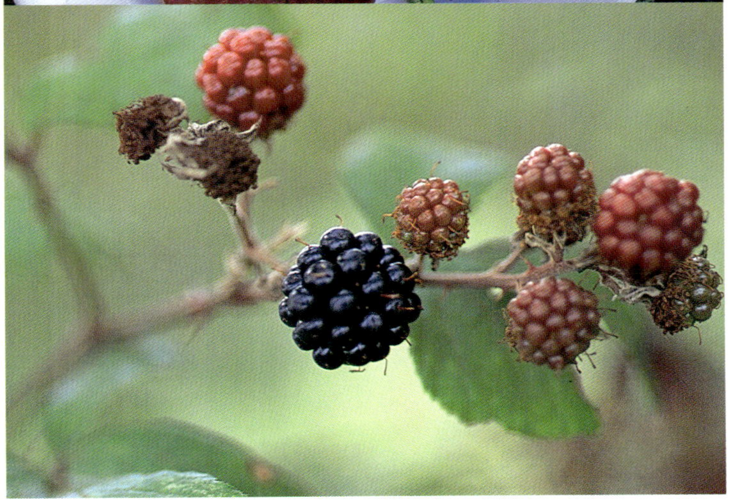

lichen Welkens hatten wir auch eigenen Kohl, der in Butter gedünstet sogar den kleineren Kindern schmeckte. Zuhause in England lädt die Apfelernte zu verschiedenen Gerichten und natürlich auch zum Rohessen ein, dazu eimerweise Erdbeeren, Himbeeren und Stachelbeeren für köstliche Süßspeisen und Marmeladen. Ich habe dieses Jahr auf meinem Dachgarten von einer an Stangen gezogenen Tomatenpflanze schmackhafte hellrote Früchte geerntet. Es ist mir auch gelungen, aus Samen ganz problemlos eine Senfrauke mit ihrem nussigen, etwas bitteren Geschmack als Salatzutat zu ziehen. Wald und Feld liefern wilde Brombeeren für köstliche Marmeladen und Kuchen, aber auch Schlehen, die roh ungenießbar sind. Wenn sie jedoch einige Monate in Gin gezogen haben, ergeben sie ein süßes weihnachtliches Getränk.

Stoffe und Möbel

Haltbarkeit und Strapazierfähigkeit sind die entscheidenden Merkmale für Stoffe und Möbel im Garten. Ein vielseitig verwendbarer Segeltuchstoff aus Baumwolle ist das ideale Material für einfache Stuhlbezüge und Sonnendächer, und naturfarbener Kattun – preiswert, haltbar und waschmaschinenfest – eignet sich ideal für Tischdecken und lockere Kissenbezüge. Blau-weiß gestreifter Drillich, ein dichtgewebter Baumwollköper, diente früher als Bezugsstoff für Kissen und Matratzen und paßt als zeitloser Dekostoff heute in nahezu jede Umgebung, ob als Kissenbezug für weißgetünchte Patios oder als Stuhlbezug für die Sitzecke im Garten. Wachstuch und Lackfolie sind wasserabweisend, man erhält sie in Kaufhäusern unifarben oder kariert als Meterware für Tischdecken. Spezielle Gartenmöbel sind eigentlich überflüssig, denn Sie können bei gutem Wetter Klappstühle und leichte Tische aus dem Haus ins Freie stellen. Bei wetterfestem Gartenmobiliar muß das Holz regelmäßig geölt oder neu lackiert werden, falls Sie nicht alters- und witterungsbedingten organischen Strukturen den Vorzug geben,

die durchaus nach draußen passen: abblätternde Farbe, moosüberzogenes Holz oder rostiges Metall. Während Sie Möbel vom Trödler bedenkenlos den Naturgewalten ausliefern können, sollten Sie jedoch jedes wertvolle Stück ins Haus stellen, sobald der Sommer zu Ende geht.

Stoffe

Verwenden Sie im Freien nur feste, strapazierfähige Stoffe. Segeltuch, Leinen und abwaschbare Lackfolien aus Plastik sind dazu bestens geeignet. Gestreiftes Segeltuch, Wachstuchstoffe und einfacher Baumwollkattun sind in Stoffläden, Haushaltswarenläden und Kaufhäusern erhältlich. Ihr Raumausstatter hält stilvollere Farben – helles Blau, Grün, Rosa und Orange – für Sie bereit. Seine Kollektionen wechseln etwa genauso oft wie die eines Modegeschäfts. Stabiles Segeltuch gehört zu den vielseitigsten Dekostoffen und eignet sich hervorragend als lockerer Bezugsstoff für Gartenstühle. Sie sollten jede Naturfaser vor dem Nähen unbedingt einmal waschen, um zu vermeiden, daß sie später eingeht. Sonnendächer für meinen Innenhof nähe ich am liebsten aus blauweiß gestreiftem Segeltuch. Zunächst werden die Kanten versäubert, dann die Ecken mit Lochringen ausgestanzt (was mit einem entsprechenden Set aus der Kurzwarenabteilung wirklich ganz einfach geht), und zum Schluß wird das Sonnensegel mit Nylonschnüren an Wandhaken über den Hof gespannt. Weiße und cremefarbene Stoffe sehen vor weißgetünchten Wänden wunderbar aus. Farblich nicht harmonierende Stühle verschwinden ganz einfach unter lockeren weißen Baumwollbezügen – ein weißes Laken wirkt dazu als Tischdecke äußerst stilvoll. Füllen Sie Ihre Kissen mit Federn und Ihre Bankpolster mit festem Schaumgummi. Versehen Sie alle Bezüge mit Reißverschlüssen, Knöpfen oder einfachen Bändern, damit Sie sie zum Reinigen leicht abziehen können. Als Stoffarben bevorzuge ich Seeblau, Apfelgrün und Scharlachrot, die die Farben der sie umgebenden Blumen und Grünpflanzen betonen. Tischdecken und Servietten in Pink-orange wirken frisch und modern, während der verhaltene Reiz von Kissen-, Polster- und Stuhlbezügen aus blau-weißem Drillich nie seine Wirkung verfehlt.

Auf S. 154–155 finden Sie die Händlerangaben zu den Stoffen.

Möbel

Hartholzbänke wirken unbehandelt äußerst dekorativ, sie können aber auch, wie diese hier, kornblumenblau oder in einer anderen Farbe lackiert werden.

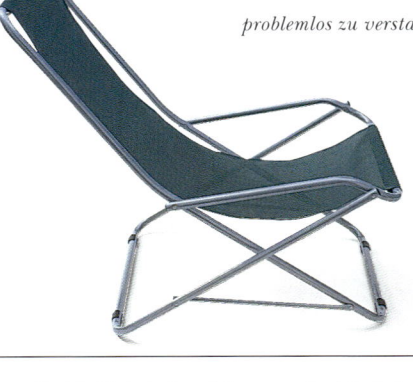

Diese moderne Schaukelversion des altbekannten Liegestuhls mit Aluminiumrahmen und robustem Stoffbezug ist klappbar und somit problemlos zu verstauen.

Dieser metallene Klapptisch stammt vom Trödler und sieht draußen das ganze Jahr gut aus. Er kann mit Frühlingszwiebeln geschmückt oder für ein sommerliches Mahl gedeckt werden.

Billig, praktisch, aber vollkommen seelenlos ist das Plastikmobiliar, das inzwischen allerorten Parks, Hotels und Privatgärten erobert hat. Es gibt formschöne, praktische Alternativen, die Ihren Geldbeutel sicherlich nicht überstrapazieren. Dazu zählen Klappmöbel aller Art, die man bei einem Wetterumschwung ohne großen Aufwand rasch ins Haus bringen kann. Moderne Klappsessel und Liegestühle

Stabile Holztische gehören zum praktischsten Gartenmobiliar und finden das ganze Jahr über Verwendung. Der abblätternde Anstrich paßt zu den organischen Strukturen im Freien.

An einem kleinen Klapptisch hat eine Person Platz – für eine größere Runde können zwei oder drei solcher Tische zusammengestellt werden.

Dieser faltbare Regiestuhl mit kariertem Bezug ist mit seinem schlammgrauen Anstrich in einer grünen Umgebung am rechten Platz.

Ein altes Tischchen aus Pinienholz mit einem neuen himmelblauen Anstrich dient draußen als praktische Ablage für Töpfe, Saatschalen und Werkzeuge oder einfach als Beistelltisch.

Der gewöhnliche Liegestuhl wirkt mit einem robusten blau-weiß karierten Bezug in jeder Garten-umgebung flott und frisch.

Ein Klapptisch mit einer billigen Spanplatte kann für eine größere Runde nach draußen gestellt und mit einer weißen Baumwolldecke oder lindgrüner Lackfolie bedeckt werden.

Diese dekorativen, leichten Klappstühle für den Eßtisch im Freien werden neu in vielen Farben angeboten. Oft sind sie jedoch mit ab-geplatzter Farbe und rissigem Holz noch liebenswerter.

bestechen durch ihre leichten Aluminium-rahmen und ihre attraktiven, strapazier-fähigen Bezüge. Kleine faltbare Holztisch-chen gehören zu meinen Lieblingsmöbeln. Alljährlich werden sie mit einem neuen weißen Anstrich wieder flottgemacht. Ein weißes Tischtuch, weiße Kerzen und ein paar Schnittblumen in Einmachgläsern sorgen auf einem so einfachen Tisch ganz schnell für ein stilvolles Gartenambiente.

Ein Sessel aus weißem Lattenholz erinnert an Strandurlaube und wird mit einem weichen Kissenpolster – zum Beispiel aus blau-weißem Drillich – noch bequemer.

Solch eine Sonnenliege mit einem Aluminiumrahmen und einem wetterfesten Bezug ist beim Campen oder für ein Sonnenbad auf der Terrasse am Pool oder im Garten unersetzlich.

Dieser lebhafte, grün karierte Baum-wollbezug ist eine Alternative zum gestreiften Liegestuhl.

Accessoires

Ein Raum im Freien will genauso sorgfältig eingerichtet sein wie jedes Zimmer in Ihrem Haus. Da seine Wirkung hauptsächlich durch das Mobiliar zustandekommt, sollten Sie zunächst entscheiden, ob Sie gute Möbel anschaffen, die Sie im Winter ins Haus stellen können, oder ob Ihnen nicht vielleicht auch mit alten Eisen- oder Holztischen und Bänken oder Stühlen vom Trödel gedient ist, die das ganze Jahr über draußen stehenbleiben können, um Ihren Raum im Freien zu dekorieren. Ein Eßzimmer im Grünen entsteht schon, wenn Sie eine Hartfaserplatte auf Böcke legen und mit Klappstühlen ergänzen, das Ganze wird mit Baumwolle, Kattun oder Drillich ausgestattet und stilvoll gedeckt. Vergessen sind die Zeiten, als Gäste nur vor makellosen Services und geschliffenen Kristallgläsern empfangen wurden. Für Kindergeburtstage und Picknicks empfehle ich unverwüstliches Plastikgeschirr, während weißes Gastronomieporzellan sowie Emailschüsseln und -kannen sehr stilvoll sind und ganz leicht durch bunte Blumensträuße, leuchtende Kerzen und Karoservietten farblich aufgefrischt werden können. Ich habe ein Faible für altes Glas und stelle gerne unterschiedliche Gläser und Krüge vom Flohmarkt zusammen. Welche Teile Sie auch immer kombinieren, es kommt nur auf eines an: mit wenig Aufwand eine entspannte, aber schöne Umgebung zu schaffen.

Beleuchtung

Die stimmungsvollste Beleuchtung für ein Abendessen im Freien ist ganz ohne Frage Kerzenschein oder aber ein züngelndes Lagerfeuer. Wirklich hübsches elektrisches Licht geben nur Lichterketten mit weißen Birnchen ab, die ihren Zauber nicht nur am Weihnachtsbaum, sondern auch, in Reihen oder über Kreuz aufgehängt im Garten oder Patio, entfalten können. Ich bevorzuge cremefarbene Kerzen, die ich in alte Marmeladengläser stelle. Ich mag auch gläserne Windlichter und stelle drei oder vier davon in der Nähe des Tisches zusammen auf, um warme Lichtinseln zu schaffen. In Eisenwarenläden können Sie auch einfache, hübsche Laternen aus Metall kaufen, die sich mit Hilfe von Haken leicht an der Wand befestigen

lassen. Preiswertes, stilvolles Licht liefern ferner Teelichte, die man beutelweise bekommen kann. Zwanzig oder mehr solcher Kerzen kann man in der Tischmitte gruppieren, auf Fensterbänken aufreihen oder in Mauernischen verteilen. Teelichte brennen auch bei einem leichten Luftzug weiter, müssen an windigen Abenden aber in Gläser oder Tontöpfe gestellt werden.

Zubehör

Eine stabile weiße Plastikschüssel ist praktisch für Garten und Küche und leicht genug für ein Picknick.

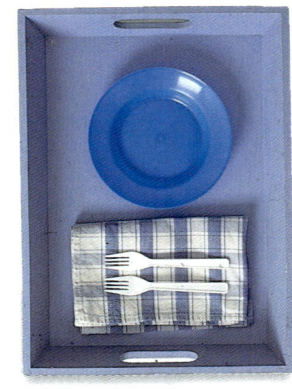

Ein einfaches Holztablett ist ideal, um Speisen, Getränke und Geschirr in den Garten zu befördern. Dieses hat einen nagelneuen, blauen Anstrich.

Fliegenhauben beschwören altmodische Bilder ländlicher Molkereien herauf und halten Insekten von Fleisch und Käse fern.

Für Mahlzeiten im Freien verwende ich nur schlichtes, praktisches Zubehör. Ich bevorzuge unzerbrechliche Plastikteller und -becher, die auch in hübschen Farben günstig angeboten werden. Es gibt stabile Trinkgläser – zum Beispiel von Duralex –, die nicht nur ihren Zweck erfüllen, sondern auch formschön und bezahlbar sind. Bei Picknicks und auf Ausflügen entzünde ich meinen kleinen eisernen Grill, der

Wenn man Pech hat, ist von dünnen Tassen und Gläsern nach einer Gartenmahlzeit mit Kindern nur noch ein Scherbenhäuflein übrig. Mit Plastikbechern und Duralex-Gläsern, die hübsch geformt sind und einen Sturz überleben, gehen Sie auf Nummer sicher.

Ein schlichter Glaskrug, wie im Schulspeisesaal, ziert auch den Tisch im Freien und ist bei Haushaltswaren preiswert zu bekommen.

Rechteckige Plastikdosen kann man problemlos in Taschen und Rucksäcken verstauen. Sie sind immer nützlich für ein Picknick oder das Pausenfrühstück.

Emaillierte Blechteller und -becher eignen sich hervorragend zum Campen und sehen auch auf einem gedeckten Tisch hübsch aus. Man kann sie bei Haushaltswaren oder im Camping-Laden erwerben.

Kaufhäuser sind eine gute Fundgrube für preiswertes, formschönes buntes Plastikgeschirr und -besteck, wie diese leuchtend orange Ausführung, die für Ausflüge und zwanglose Mahlzeiten im Freien unersetzlich ist.

Ein Grill ist eine prima Sache für ein Garten- oder Strandmahl. Dieses kleine Modell entwickelt genug Hitze für vier Lammkoteletts mit Knoblauch und reicht auch noch für in der Schale gegrillte Bananen.

Servietten und Platzdeckchen in kräftigen Farben kommen als aufmunternde Akzente auf einfarbigen Tischdecken und blanken Holztischen am besten zur Geltung.

Thermoskannen und Isolierflaschen gibt es in den unterschiedlichsten Ausführungen. Sie halten Ihre Getränke nach Bedarf kalt oder warm.

genügend Glut produziert, um ein ganzes Festmahl aus Würstchen oder frischem Fisch mit Gemüse zu zaubern – und für einen Nachtisch aus in der Schale gebackenen Bananen oder Marshmellows genügt dann sogar noch die Resthitze. Auf Ausflügen an klaren Wintertagen wärmt uns eine Tasse dampfender Kaffee, für dessen Zubereitung wir einen Campingkessel und einen Gaskocher mitnehmen.

Eine verzinkte Blechkanne paßt mit ihrer zeitlosen Form in jede Gartenumgebung und findet für eisgekühltes Wasser oder einen frischen Blumenstrauß sicher immer Verwendung.

Wenn Sie sich ein luxuriöses Picknick gönnen wollen, nehmen Sie Wasser mit und erhitzen Sie es für eine anregende Tasse Kaffee oder Tee im Campingkessel auf dem Lagerfeuer oder Gaskocher.

Einfaches weißes Porzellan ist ein neutraler Hintergrund für Speisen und die richtige Wahl für den stilvoll gedeckten Tisch.

WOHNEN UND

LEBEN

Schaffen Sie sich eine einfache, farb- und formschöne Insel im Freien, wo Sie inmitten weicher
Kissen entspannen und den Duft Ihrer Rosen
genießen. Entdecken Sie das elementare Vergnügen
am Ziehen von schmackhaftem Gemüse im eigenen
Beet. Genießen Sie leckere, einfache Gerichte in
Ihrem Eßzimmer im Grünen oder gemütliche Picknicks auf einer Decke im Gras.

Rückzugs-
orte

Die meisten Menschen, besonders Städter, halten sich bei der Arbeit fast den ganzen Tag im Haus auf und kommen nur selten an die frische Luft, geschweige denn erfahren sie den Genuß eines klirrenden Frostmorgens oder eines blutroten Sonnenuntergangs. Haben wir nicht ausreichend Kontakt zur Natur, werden wir Menschen depressiv, antriebslos und reizbar. Unser Wohlbefinden steigt dagegen spürbar, wenn wir ins Grüne gehen. Ob Balkon, Terrasse, Gemüsebeet oder auch nur eine Fensterbank mit einem liebevoll bepflanzten Blumenkasten, die Pflege und Freude an einem Stückchen Grün schafft einen Ausgleich zu unseren Alltagssorgen. Einen Raum im Freien – zum Essen, Sitzen, Ruhen, Gärtnern oder Spielen – gestaltet man auf die gleiche Weise, wie man eine Wohnung möbliert und dekoriert: Planen Sie sorgsam, wie das gesamte Erscheinungsbild Ihres Freiraums in der Natur einmal aussehen soll, und gehen Sie mit dem verfügbaren Platz äußerst sparsam um. Machen Sie sich bewußt, daß Wandfarbe, Bodenbelag, Stoffe und Möbel die Grundelemente des Designs sind und

die Gesamtwirkung bestimmen, und zaubern Sie sich einen wunderhübschen Rückzugsort, den Sie an lauen Sommerabenden mit einem Buch aufsuchen können, oder wo Sie in der kühlen Morgenluft sitzen, ein Croissant essen und eine Tasse dampfenden Kaffee trinken können.

gegenüber und rechts

*Auf dieser vornehmen,
weiß-blau gestrichenen
Veranda auf Long Island
sorgen alte Korbmöbel mit
weichen Federkissen in
ausgebleichten gestreiften
Drillichbezügen für
Gemütlichkeit.*

unten links und rechts

*Die Verandas der ziegelroten
Holzhütten in den Catskill
Mountains (USA) sind
hauptsächlich mit ein-
fachem Trödel möbliert.*

Die Veranda

Als Kind glaubte ich, daß es samtig-ruhige Abende im Schaukelstuhl auf einer Holz-veranda bei Grillengezirp nur für Film und Fernsehstars gäbe. Ich lernte solche Abende erst viel später auf einer USA-Reise selber kennen und genießen. Ich bin neidisch auf die langen, heißen Sommer, die diese einfache und praktische archi-tektonische Ergänzung des Hauses zur Notwendigkeit machen und damit eine Möglichkeit schaffen, bequem im Freien zu sitzen. Zwischen den adretten Staketen-zäunen und den makellosen Rasenflächen Neuenglands sah ich die schönsten Veran-den mit weißgestrichenen Holzgeländern und ebensolchen Böden. Auf Veranden werden, oft hinter Moskitonetzen, Gäste mit Karaffen voller Eistee bewirtet und mit Geschichten über wilde Bären unter-halten. Einfache Korbmöbel und alte Flechtstühle, Schaukelstühle, Hängemat-ten, gepolstert mit Kissen in ausgebleich-ten blau-weiß gestreiften Bezügen, passen am besten zu einer Veranda. Die schön-sten Verandamöbel, die ich sah, waren preiswerte Stücke vom Trödler. Auch wenn Sie über keine Veranda verfügen, können Sie mit geschmackvollen alten Möbeln in dezenten Farben sowie Stuhl- und Kissenbezügen aus Naturfasern deren Stil leicht nachempfinden.

oben und rechts

Diese Londoner Dachterrasse mit dem grünlackierten Geländer ist nicht nur ein willkommenes Sonnenplätzchen, sie ist auch der ideale Ort zur Anzucht von Tomaten, Kräutern und Kapuzinerkresse. Alte Gartengeräte *und eine grün-weiß karierte Tischdecke ergänzen den einfachen, zweckmäßigen Stil ganz perfekt.*

gegenüber *Diese weiße Eisenbank ist mit einer blau-weiß karierten Decke und ein paar Kissen eine verlockende Einladung zum Sitzen.*

Der Dachgarten

Erst als das Flachdach hinter unserem
Londoner Haus ein Geländer bekam,
wurde es ein echter Wohnraum im Freien.
Vorher ließ mir die Vorstellung, es könnte
jemand herunterstürzen, keine Ruhe, und
den Kindern war sein Betreten ohnehin
verboten. Ich ließ einen Boden aus Pinien-
brettern verlegen und einen Wasserhahn
installieren, um im Sommer mühelos zwei-
mal täglich meine Pflanzer gießen zu können. Da ein schattiger Hinterhof darunter
liegt, ist der Dachgarten ein willkommenes Sonnenfleckchen, bei dem ich auf ein
schattenspendendes Eckchen verzichtet
habe, so daß wir uns an heißen Tagen mit
breitkrempigen Hüten und Sonnenbrillen
behelfen. Geschützt wird das lauschige
Plätzchen durch die am Geländer und an
einem blaßgrün gestrichenen Spalier rankende Klematis. Wenn man Nutz- und
Zierpflanzen zusammen zieht, wird die
Gartenarbeit produktiver und vielseitiger,
daher ziehe ich Kapuzinerkresse neben
Tomaten und Kräutern. Obwohl unser
Dachgarten nicht größer ist als 3,5 qm,
verschafft er einem mitten in der Londo-
ner Dächerlandschaft ein Gefühl von
Raum und Freiheit, und ich kenne nichts
Schöneres, als mich an einem Morgen im
Sommer mit einem Kaffee und einem
Brötchen dort hinaufzustehlen.

Strandhüttenstil

Fast jede englische Küstenstadt besitzt eine kleine Feriensiedlung aus Holzhütten am Strand, wo man während des Urlaubs ein einfaches Leben ohne Strom und Wasser führen kann. Alte Badeorte, wie Swanage, Bognor, Worthing und Whistable, bieten geräumige Strandhäuser an, wobei die besten weitab vom Stadtzentrum gelegen sind. Jeden Ort prägen andere Farben: traditionelles Blauweiß oder Dunkelbraun, herrliche Pastelltöne, wie Pistazie, Himbeere und Minze, oder einfaches Weiß. Lassen Sie sich bei der Gestaltung Ihres Wohnraums im Freien im maritimen Look durch solche Farben inspirieren. Für Dekorationen im Strandhüttenstil können Sie aus Muscheln und Kieselsteinen kleine Meeresstilleben arrangieren; wählen Sie als Grünpflanze dazu den auf Steinstränden heimischen Meerkohl. Als ich klein war, lud uns meine Großmutter regelmäßig zu Picknicks nach Devon in ihr gemietetes Strandhaus ein, wo Fischernetze in den Ecken hingen und der Fußboden vom Sand knirschte. Die Einrichtung bestand aus Liegestühlen mit blau-weiß gestreiften Bezügen, einem Klapptisch mit einfarbiger Tischdecke, einem Korb mit Picknickgeschirr, einem Gaskocher für die Zubereitung heißer Getränke und einer warmen Decke für das Nachmittagsnickerchen.

gegenüber

Diese Strandhütten in Worthing bieten Anregungen für die Gestaltung eines Gartenhäuschens oder einer Terrasse.

oben, von links nach rechts *Ein Meerkohl auf dem Kies schafft Struktur. Streichen Sie die Wände weiß, und schmücken Sie Ihr Werk mit einem dekorativen Sonnensegel in flotten blau-weißen Streifen. Der klappbare weiße Lattenstuhl ist stilvoll und praktisch.*

Ein heißer Patio

Wenn wir den Sommerurlaub in unserem Ferienhaus im heißen Andalusien verbringen, halten wir uns am liebsten draußen auf dem weißgetünchten Patio auf. Statt sie jedes Jahr zu kalken, haben wir die Mauern mit einer matten Außenfarbe überzogen. Der Bodenbelag besteht aus großen Terrakottafliesen, die wir in der örtlichen Baustoffhandlung günstig erworben haben. Sämtliche Möbel können nach Belieben umgestellt werden. Die typisch spanischen Stühle und Hocker mit den geflochtenen Sitzen stammen aus Sevilla. Als Kontrapunkte zum vorherrschenden Weiß verwende ich Platzdeckchen in Pink und ein hellgrün-türkis gestreiftes Baumwolltischtuch aus den 40er Jahren. Den notwendigen Schatten spenden meine selbstentworfenen Sonnendächer aus Segeltuch, die mit stabilen Nylonschnüren in eingestanzten Ösen quer über den Hof gespannt und an Haken befestigt werden.

rechts *Die schattige Terrasse, auf der die leuchtende Tischwäsche mit dem vorherrschenden Weiß kontrastiert, lädt als kühles Abendplätzchen ein.*
gegenüber *Ein blau-weiß gestreiftes Sonnendach sorgt auf dem glühenden Patio für Schatten.*

Ein Hinterhof in der Stadt

Eine klare, schlichte und zweckmäßige Herangehensweise ist das Geheimnis, um in der Enge eines kleinen städtischen Hinterhofs eine stilvolle sommerliche Oase zu schaffen. Die unverputzten, rauhen, ungleichmäßigen Backsteinmauern und ein Bodenbelag aus einem moosbewachsenen, ausgetretenen Ziegelpflaster verbreiten hier eine urtümliche, erdige Wärme. Dieser naturbelassene, neutrale Hintergrund verlangt förmlich nach Stuhlbezügen aus cremefarbenem Segeltuch und einer weißen Baumwolldecke, unter der sich ein faltbarer Kartentisch verbirgt. Ein Fliegenschrank aus Holz, eine Fliegenhaube, ein Blumenkübel aus Metall und Blechlaternen an der Mauer sind scharfumrissene, dekorative Details mit klar definierten Funktionen. Ein ausgedientes

Schuhregal aus Drahtgitter bietet ausreichend Platz für Knollen, Töpfe und
Gartenwerkzeug, und ein schmuckloser
Glaskrug mit Gläsern vervollständigt das
schlichte Gesamtbild. Das spärliche Grün
einer Klematis und eines Sommerflieders
wird lediglich von einem Buchsbaum und
einer Amaryllis ergänzt – alles weitere
wäre überflüssig.

gegenüber, links und oben

*In einem engen Hinterhof
sind ein alter Fliegenschrank
oder ein ausgedientes Schuhregal aus Metall praktische
Möbel zur Unterbringung von
Gartenzubehör u.ä.*

oben, unten und rechts *Ein blau-weiß kariertes Tischtuch, weiße Klappstühle, rosa Levkojen im Blumenkübel und eine seegrüne Tür setzen in einem dunklen Londoner Hinterhof helle, aktuelle Farbakzente.*

gegenüber *Eine junge Tomatenpflanze im Terrakottatopf und ein anmutiges Lorbeerbäumchen im Blecheimer bringen rasch das ersehnte frische Grün in den Hinterhof.*

Ein farbenfroher Hof

Die Düsterkeit eines schattigen Hinterhofs verschwindet rasch unter einem frischen Anstrich und farbigen Stoffen. Ich
habe eine alte Tür mit einem matten Blaugrün verwandelt, einer Farbe, die modern,
frisch und natürlich wirkt. Sie gefiel mir so
gut, daß ich für ein unansehnliches neues
Mauerstück einen ähnlichen Farbton mit
Außenfarbe angemischt habe. Sie können
häßliche Wasserbehälter, Zäune und
Möbel unter einer bunten Farbschicht ver-
bergen und dunkle, langweilige Hofecken
mit Weiß aufhellen. Ein blau-weiß karierter Baumwollstoff verfehlt nie seine Wirkung – aus meinem Stapel farbiger Decken
ist mir die karierte immer noch die lieb-
ste. Besorgen Sie sich als Schmuck für un-
begrünte Höfe Schnittblumen, wie Wie-
senkerbel, Kornblumen oder Levkojen, die
sich einige Tage lang draußen halten.

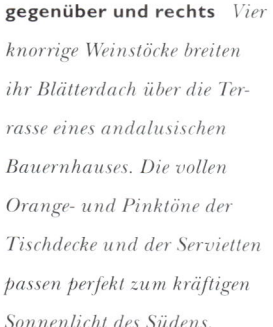

gegenüber und rechts *Vier knorrige Weinstöcke breiten ihr Blätterdach über die Terrasse eines andalusischen Bauernhauses. Die vollen Orange- und Pinktöne der Tischdecke und der Servietten passen perfekt zum kräftigen Sonnenlicht des Südens.*

Eine Weinlaube

Ein romantisches Laubdach aus Wein ist eine natürliche Möglichkeit, die Terrasse schattig und kühl zu halten. Ein Bauernhaus hoch oben in den Kastanienwäldern und Olivenhainen Andalusiens besitzt eine solche Laube, die aus vier Weinstöcken zusammengewachsen ist, darunter ein knorriges 20jähriges Exemplar. Die Weinstöcke wurden an einem Gerüst aus Kastanienholzpfeilern in 2 m Abstand hochgezogen. Während der heißen Sommerzeit wird hier jede Mahlzeit unter üppig herabhängenden Weintrauben eingenommen. Im Frühjahr werden die Lücken des noch unvollständigen Laubdachs mit grünen Stoffbahnen abgedeckt. Die Einheimischen

veranschlagen drei Jahre sorgfältiger Pflege und regelmäßiger Rückschnitte, um ein dichtes Blätterdach wie dieses zu erzielen. In kühleren Breiten wird sicher kein Weinstock eine solche Beerenfülle entwickeln, aber in einem nach Süden ausgerichteten Garten ist es durchaus möglich, dichtbelaubte Exemplare zu ziehen. Verschiedene Gartenfachhändler bieten sogar 50jährige Weinstöcke an, die zu hohen Kosten aus Südfrankreich importiert werden. Eine Sitzgarnitur aus alten Bauernstühlen und -bänken sorgt, ergänzt mit modernen Metallstühlen, für ein äußerst entspanntes Gartenambiente. Und wenn Gäste kommen, werden unter dem Laubdach einfach weitere Tische aufgestellt.

diese Seite und gegenüber

Einige Vorschläge für dezente, natürliche Fenstergärten: Lavendel in einer grün gestrichenen Obstkiste (ganz unten); angestrichene Plastik-kästen, mit Zierkohl bepflanzt (unten); blau lackierte Geranientöpfe (rechts); ein Zedernholzkasten mit aromatischem Rosmarin (gegenüber).

Ein Topfgarten

Vor den Wohnblocks in der Nähe unseres Londoner Hauses schaukeln farbenfrohe Töpfe in Blumenampeln an den Fenstern. Diese Miniaturgärten mit Kräutern, Gemüsepflanzen und leuchtenden Blumen, wie Geranien und Ringelblumen, sind wahre Lichtblicke in einer ansonsten trüben, abweisenden städtischen Umgebung. Wählen Sie als unkonventionelles Pflanzgefäß eine Obstkiste, die Sie beispielsweise in Schlammgrün streichen und mit Lavendel bepflanzen können. Oder malen Sie herkömmliche Plastikblumenkästen in einem frischen pastellgrünen oder hellblauen Farbton an. Ersetzen Sie gewöhnliche Balkonpflanzen doch einfach mal durch eine Zwerghecke aus Rosmarin oder aus weißen Hyazinthen, Kapuzinerkresse und Kirschtomaten.

Ein Blumen- und Gemüsegarten

Es hat etwas äußerst Befriedigendes, bunte Zierblumen und schmackhaftes Gemüse im eigenen Garten zu ziehen. Dieser dekorative, rechteckige Nutzgarten ist von einem selbstgezimmerten Stockzaun umgeben und enthält eine Zusammenstellung aus Blumen und Gemüsepflanzen, darunter Klematis, Winden, Sonnenblumen, Salat, Kohl, Mangold und Rote Beete. Es muß das reinste Vergnügen sein, sich im Sommer in den frühen Morgen- oder Abendstunden in diese blühende, bunte Oase zu begeben, um sie zu gießen, zu düngen und den Duft der Kräuter einzuatmen.

oben Einfache Holzmöbel, wie dieser rustikale Stuhl aus den Adirondacks (links) und ein ausgemusterter Küchenstuhl mit abblätternder Farbe vom Trödler (rechts), passen zu diesem schmucken Nutzgarten.

gegenüber Dieser kleine eingezäunte Garten in den Catskill Mountains (USA) ist mit seinem herrlich bunten Sortiment aus Blumen und Gemüsepflanzen eine wahrhaft friedvolle Oase für Mußestunden.

Pflanzideen

Jeder Gärtner folgt beim Anlegen und Gestalten seines Gartens den eigenen Grundsätzen und Vorstellungen. Zu meinen Hauptkriterien gehören ein einfaches Pflanzschema, Struktur, Farben, Formen, Düfte und die Eßbarkeit meiner Zöglinge. Streng eingeteilte Gemüsegärten kommen meiner Ordnungsliebe entgegen und wirken genauso einladend auf mich wie ein aufgeräumtes Zimmer. Ich bevorzuge ganz gewöhnliche Pflanzen und überlasse die Aufzucht phantastischer Exoten gerne richtigen Gartenexperten. Zu meinen Lieblingsgewächsen gehören Blumen aus dem traditionellen Bauerngarten, wie Rosen, Dahlien und Klematis, sowie sämtliche Gemüsepflanzen – darunter besonders die verschiedenen Kohlarten mit ihren dekorativen Blättern. Die Wahl des Pflanzgefäßes, vom erdigen Tontopf bis zum verzinkten Floristeneimer, ist besonders auf kleinen Hinterhöfen, Terrassen und Balkonen von Bedeutung. Die richtige Topfgröße, der farblich passende Anstrich und der rechte Standort tragen zur gewünschten Wirkung bei. Setzen Sie, um bestimmte Strukturen oder eine bestimmte Farbgebung zu erzielen, Kletterpflanzen ein, und verwenden Sie hochwachsende Pflanzen wie Sonnenblumen und formgeschnittene Lorbeer- oder Buchsbäume als eindrucksvollen Blickfang, um Ihren Raum im Freien lebendig und einladend zu gestalten.

von oben nach unten
*Stockrosen heben sich gut vor
weißen Mauern ab; an einem
niedrigen weißen Lattenzaun
wirkt der kräftige Blutweide-
rich als Blickfang in der
Höhe; Rittersporn, ein traditionelles hohes Ziergewächs
für Staudenbeete, sieht überall hübsch aus; schnellwach-
sende Sonnenblumen eignen
sich hervorragend, wenn man
hohe Gartenbegrenzungen
schaffen möchte.*
gegenüber *Auch auf-
geschossener Lauch kann
dekorative Akzente setzen.*

Höhe schaffen

Hohe, langstielige Pflanzen setzen Akzente, schaffen Höhe und schirmen einen
bevorzugten Bereich im Garten ab. Am
liebsten mag ich Sonnenblumen. Ich habe
Spaß daran, sie aus Samen selbst zu
ziehen. Manche Sorten werden über 3 m
hoch und tragen tellergroße Blüten. An
den Terrassenwänden reihe ich Blumenkästen mit Fingerhut auf, der bis zu 1m
hoch aufragt und glockenförmige weiße,
lila oder rosa Blüten ausbildet. Leicht zu
ziehen sind auch Rittersporn mit seinen
farbenfrohen Blütenähren und Stockrosen, die besonders als Türposten ihren
zeitlosen Reiz entfalten.

Ordnungssinn

Kleingärten mit adretten Kräuter- und Gemüsereihen, sauberen Blumenbeeten aus farblich harmonierenden oder kontrastreichen Blättern und Blüten und fleißig geharkten und gejäteten Böden üben auf mich eine große Anziehungskraft aus. Sie beweisen, daß der Mensch durch systematisches Graben, Pflanzen und Säubern imstande ist, die Natur in Schach zu halten. Schaffen Sie auf natürliche Weise Ordnung in Ihrem Garten – zum Beispiel durch schubkarrenbreite Wege mit Rindenmulchbelag, die von Reihen glatter Petersilie gesäumt sind. Sie können auch die wunderhübschen alten Glasglocken, die zarte Jungpflanzen dekorativ schützen, aufstellen. Passend dazu ist ein einfacher, stilvoller Drahtzaun, mit Geißblatt, Tomaten oder ähnlichem berankt.

oben links und rechts und gegenüber *Sorgfältig abgegrenzte Reihen einer ordentlich angelegten Pflanzung in einem kleinen Zier- und Gemüsegarten.*
oben *Ein selbstgebauter Frühbeetkasten aus alten Fenstern, in den man Kräuter und Salatpflanzen gesetzt hat.*

Topfideen

Die Vielseitigkeit von Terrakottatöpfen für Zwiebelpflanzen, Sträucher und Kräuter ist kaum zu überbieten, und die alten handgeformten, ungleichmäßigen Modelle sind urtümlicher als die fabrikgefertigten. Aber es gibt darüber hinaus auch viele andere reizvolle Pflanzgefäße. Suchen Sie in Ihrem örtlichen Haushaltswarenladen nach verzinkten Blecheimern und Kübeln, in denen formgeschnittene Lorbeerbäumchen, Buchsbaum und Rosmarin großartig aussehen – vergessen Sie nicht die Abzugslöcher! – und am besten zur Geltung kommen, wenn sie zu zweit oder zu dritt arrangiert sind. Blechwannen, mit Narzissen, Hyazinthen, Zierkohl oder Kräutern bepflanzt, sind moderne Pflanzgefäße, die sich für die Fensterbank eignen.

diese Seite *Solange es nur ursprünglich und natürlich wirkt, eignet sich fast alles als Pflanzgefäß: verzinkte Blechwannen, ein alter Spülstein – den man bepflanzen oder auch als Gartenbecken nutzen kann – oder die traditionellen Terrakottatöpfe.*
gegenüber *Gewöhnliche Blecheimer wirken am besten in Zweier- oder Dreiergruppen.*

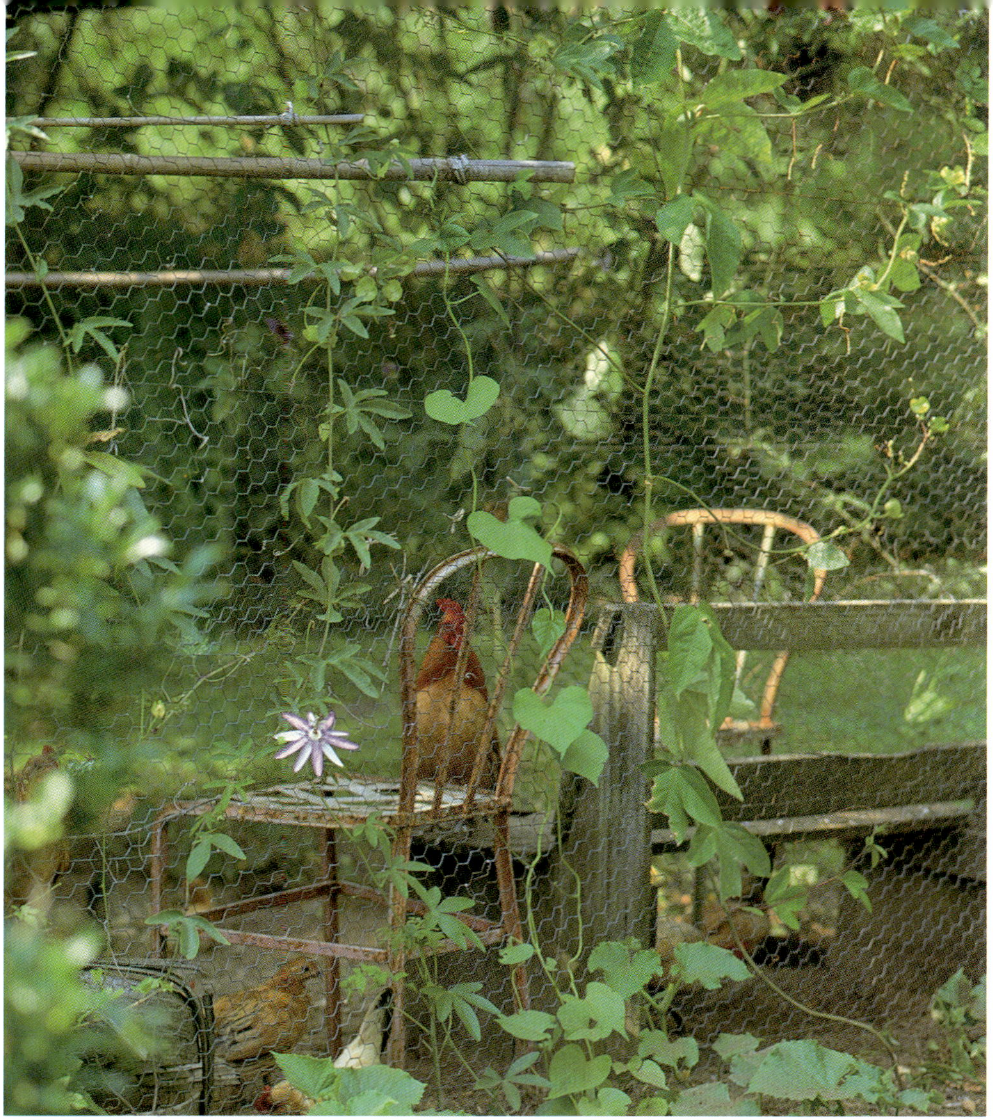

gegenüber, von oben nach unten *Mit Drähten gestützte Bleiwurz; eine Rose, die mit Draht und Schnur gehalten wird; Kletterbohnen; an Bambusstangen hochgebundene Kapuzinerkresse.*
links *Klematis und andere Kletterer am Maschendraht schaffen ein wahres Hühnerparadies.*
unten *Ein Zaun aus Stöcken stützt Tomatenpflanzen.*

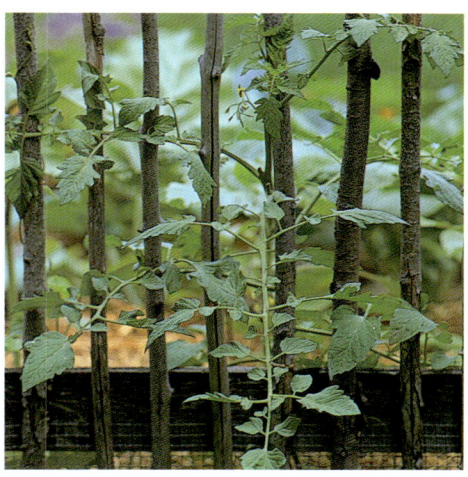

Kletterpflanzen

Lassen Sie Kletterpflanzen an Mauerdrähten hochwachsen, und binden Sie sie mit Gartenschnur an Zäunen und Rankgittern auf, oder stützen Sie sie mit Pergolas, Lauben und in Wigwamform gesteckten Bambusstangen. Nutzen Sie das himmelwärts rankende Laub und die bunten Blüten der Kletterpflanzen, um unschöne Oberflächen oder unansehnliche Ecken zu verkleiden. Ich begrüne das Geländer meines Dachgartens und ein Rankgitter mit Klematis, die mit ihren windenden Zweigen die harten städtischen Konturen mildert und, regelmäßig gedüngt und gegossen, prächtig im Topf gedeiht. Als weitere Kletterer kann ich folgende Pflanzen empfehlen: Bleiwurz mit den sternförmigen Blüten, Rosen, wie *Rosa* 'Madame Alfred Carrière' und *R.* 'New Dawn', Wein, der sich hervorragend eignet, um schattige Lauben zu schaffen, Jasmin, besonders die Zuchtformen mit dem schweren Duft, und Passionsblumen, deren leuchtend purpurne Blüten und orangenen Früchte ich besonders liebe. Sie können übrigens im Kleingarten Ihre Nutzpflanzen, wie zum Beispiel Zucchini, Tomaten, Gurken, Kapuzinerkresse und Bohnen sehr raumsparend an Stäben und Zäunen ziehen.

Blumen und Gemüse

Aus wirtschaftlichen Gründen wurden im traditionellen Bauerngarten stets Schnittblumen und Gemüse gezogen. Auch ohne eine absolute Selbstversorgung anzustreben, richten sich heute viele Gärtner aus rein ästhetischen Gründen nach diesem Vorbild, denn zahlreiche Gemüsepflanzen und Kräuter sind sehr dekorativ. Wer gerne die Früchte seiner Arbeit verzehrt, hat vielleicht Spaß daran, Gemüsepflanzen und genießbare Ziergewächse zusammen zu ziehen, zum Beispiel Rosen und Nutzpflanzen wie Kartoffeln, Bohnen und Erbsen. Ich freue mich jedes Jahr auf den Spätsommer, die Zeit, in der die Kleingärten, mit ihren Grüntönen von Kohl- und Salatpflanzen und dem Pink, Gelb und Orange der Dahlien, in den prächtigsten Farben leuchten. Eindrucksvolle Kontraste entstehen, wenn Sie niedrige Salatköpfe neben den hohen, schlaksigen Zierlauch mit seinen lila Blütenpompons pflanzen. Und mit einer Kombination aus Petersilie, Schnittlauch und Pfefferminze schaffen Sie hübsche, strukturenreiche Beetränder. Auch eine wärmende Mulchdecke aus Stroh kann als dekoratives Element eingesetzt werden, und hohe Kletterer, wie Bohnen, oder aufgebundene Tomaten und Gurken sind originelle Ideen für attraktiv begrünte Gartenränder.

gegenüber *In diesem
Londoner Schrebergarten
sind grüne Kohlköpfe neben
strahlenden Dahlien ein
Beispiel für die gelungene
Kombination von Zier- und
Gemüsepflanzen.*
links und oben *Dieser
wunderhübsche Zier- und
Nutzgarten in den Catskill
Mountains (USA) mißt nur
6,5 × 9 m. Er ist über
festgestampfte Wege begehbar.
Hier wurden ordentliche
Salat-, Mangold- und
Kohlreihen im Wechsel mit
farbenfrohen Blumen, wie
Margeriten und Ringel-
blumen, angepflanzt.*

rechts *Einer von mehreren Apfelbäumen am Spalier, die einen Gemüse- und Kräutergarten begrenzen.*
gegenüber, von oben nach unten *Solch ein kegelförmiges Drahtgestell kann beispielsweise Efeu, Kapuzinerkresse, Kirschtomaten oder Bohnen stützen, deren Stengel um die Stäbe gelegt und angebunden werden. Ein zum Bäumchen erzogener aromatischer Rosmarin – der Zweigschnitt kann getrocknet als Gewürz verwendet werden. Kugelförmig geschnittene Buchsbäumchen wirken allein oder zu mehreren auf Balkonen oder Terrassen aufgestellt ganz hervorragend.*

Schneiden und ziehen

Das Wort ›Formschnitt‹ weckt in uns Bilder von Eibenhecken, die zu lustigen Hunde-, Hühner-, Katzen- oder anderen Figuren geschnitten sind. Im kleineren Maßstab gibt es – in jedem guten Garten-Center – aber auch immergrüne Sträucher, wie Buchs- und Lorbeerbaum, die zu niedrigen Bällen oder runden Bubiköpfen auf hohen Stämmen gezogen werden. Sie kommen alle sehr gut in einer kleinen gepflasterten Umgebung zur Geltung und sind anspruchslos, denn sie müssen lediglich gegossen und ›der Form halber‹ hin und wieder zurückgeschnitten werden. Kirschtomaten, Bohnen, Kapuzinerkresse usw. können an Stäben aufgebunden werden, die in Wigwamform zusammengesteckt sind, man kann sie aber auch an kugelförmigen Rankstützen wachsen lassen. Hinter den Mauern alter Landhausgärten entdeckt man oft exotische Apfel- oder Birnbäume, die am Spalier zu einem flachen Wuchs mit fächerförmig ausgebreiteten Ästen gezogen wurden. Ein Spaliergerüst besteht aus einer Reihe Pfosten, die mit horizontal verlaufenden Drähten bespannt sind und die Äste in der gewünschten Wuchsrichtung unterstützen. Spalierbäume können auch als natürlicher Zaun eingesetzt werden oder einen Gartenbereich abtrennen.

Essen

Essen und Trinken sind sinnliche Genüsse, die durch gute Zutaten und eine schöne Umgebung enorm gesteigert werden. Einfachheit ist der Schlüssel, um sich einem milden Abend oder einem sonnigen Nachmittag ganz hingeben zu können. An gutem Kochgerät, wie scharfen Messern, stabilen Schüsseln und Pfannen mit schweren Böden, sollten Sie nicht sparen. Halten Sie dagegen das Eßgeschirr schlicht, mit einfachem weißen Porzellan und stabilen, aber hübschen Gläsern – etwa von Duralex. Als Tischdecke genügt ein weißes Laken, das bei besonderen Anlässen durch eine hübsche Leinendecke ersetzt wird. Käse, Fisch, Fleisch, Obst, Gemüse und Wein sollten von der besten Qualität sein, die Sie sich leisten können. Servieren Sie statt aufwendiger Gerichte reichlich frischen Salat und Rohkost, die Sie mit selbstgezogenen Kräutern würzen. Wählen Sie für Ihre Eßecke – die aus einer aufgebockten Tischplatte und Klappstühlen bestehen kann – ein geschütztes Plätzchen. Zünden Sie abends Kerzen in Laternen oder Gläsern an, und schmücken Sie den Tisch mit Blumen und Kräutern, wie Rosen

und Ringelblumen. Zum Picknicken genügt eine Minimalausrüstung: Kühlbox, Decke, Korkenzieher .... Lassen Sie sich unter einem Baum oder hinter einer vor dem Wind schützenden Düne nieder und genießen Sie das Mitgebrachte, zum Beispiel belegte Brötchen, Schokolade und Wein.

gegenüber Ein stilvolles
Picknick vor der Strandhütte
mit weißen Klappstühlen,
blau-weißen Servietten und
einem praktischen, großen
Picknickkorb.

rechts Das perfekte Picknick: frische Gurken, auf dem
Lagerfeuer brutzelnde Eier
und Brote mit frischem
Krebsfleisch.

Picknick

Meine Familie kann einem zwanglosen Mahl im Freien zu jeder
Jahreszeit etwas abgewinnen. Entweder wir machen uns vor Ort
zum Regent's Park oder Hyde Park auf, oder wir fahren, wenn wir
einen Tapetenwechsel nötig haben, ans Meer hinaus, an einen
Sandstrand, wie Camber Sands in Sussex oder Studland Bay in
Dorset. Die besten Picknicks sind immer ganz einfach und wenig
aufwendig. Für eine Mahlzeit am Meer packe ich blau-weiß
gestreifte Servietten, Streichhölzer und eine Thermosflasche in
einen Korb. An einer geschützten Stelle hinter einem Wellen-
brecher oder in einer Düne entzünden wir mit Treibholz und
trockenem Tang ein Feuerchen oder setzen für einen kleinen Fest-
schmaus, bestehend aus Rühreiern, Würstchen und Brot, nach dem
Baden im Meer den kleinen Eisengrill in Gang. Manchmal kaufen
wir auch einen frischgefangenen, zerlegten Krebs, mit dem wir
dann, mit Zitrone und Pfeffer gewürzt, unser Vollkornbrot belegen.
An kalten, aber sonnigen Wintertagen packe ich eine Wolldecke
ein, einige Tafeln feiner Schokolade, eine Thermosflasche mit Toma-
tensuppe, Räucherlachs- und Käsebrötchen. Weitere Picknickköst-
lichkeiten sind verschiedene Schmelzkäsesorten auf Knäckebrot,
Käsestangen, gewürzte Tomatenbrote, Oliven, Schlangengurken-
stückchen und knackige Äpfel.

oben und gegenüber *Ein schlichter Stil mit weißer Decke, einfachem Geschirr, praktischen, formschönen Fliegenhauben, Kerzen in Gläsern und sparsam arrangierten Nachthyazinthenzweigen verlangt nach einfachen Speisen.*
rechts *Gegrillte Paprika und Auberginen, gebackene Kartoffelwürfel, Tomaten mit Olivenöl und Basilikum.*

Einfaches Abendessen

Ich liebe Gemüse, besonders geschmort, als einfache und doch so köstliche Beilagen zu gegrillten oder gebratenen Fisch- und Fleischgerichten. Ein warmes Abendessen im Sommer besteht bei mir aus Kartoffeln mit Schale, Auberginen, roten Paprikaschoten, Zwiebeln und Gurken, die ich in Würfel schneide und in eine flache Auflaufform fülle. Dann würze ich reichlich mit Olivenöl und Zitronensaft sowie

mit etwas Knoblauch, Rosmarin oder Basilikum und lasse alles bei regelmäßigem Wenden etwa 45 Min. im vorgeheizten Ofen garen. Gedünstetes Blattgemüse ist ebenfalls eine Köstlichkeit, zum Beispiel Kohl, der in zerlassener Butter mit etwas Minze geschwenkt wird. Und ich liebe Röstkartoffeln – die übrigens auf einem Spieß schneller garen – mit Butter, Salz und Pfeffer. Bei mir kommt immer etwas Frisches auf den Tisch, wie zum Beispiel Kopfsalat, Rauke oder selbstgezogene Tomaten in einer Sauce aus Olivenöl, Zitronensaft, Basilikum, Knoblauch und Salz. Den wenig aufwendigen Gerichten entsprechend, lege ich eine frische weiße Decke auf den Tisch und trage das Essen in großen weißen Emailschüsseln auf, deren Stil den des schlichten weißen Gastronomiegeschirrs ergänzt.

Mittagspause

Wenn ich morgens mit einem Butterbrot auf der Hand zur Arbeit hetze, denke ich sehnsüchtig an meine spanischen Freunde, die sich täglich zu Hause oder in einer Bar zu einem ausgedehnten, gepflegten Mittagessen mit Tapas, Tortillas oder gebratenem Fisch einfinden. Im Urlaub geht es glücklicherweise auch bei uns gemütlicher zu: Mitten am Tag setzen wir uns zu Tisch, plaudern und essen. Nudeln stehen auf der Hitliste unserer Lieblingsgerichte ganz oben, und auf einer großzügig bemessenen Grundlage aus Spaghetti *al dente* darf ich den jüngeren Familienmitgliedern auch die sonst eher gemiedenen Zutaten vorsetzen, wie kräftigen Käse, Kräuter und den ansonsten verabscheuten Knoblauch. Eine Tomatensauce aus schmackhaften, selbstgezogenen Tomaten ist eine der einfachsten und köstlichsten Beilagen zu Nudelgerichten. Dafür müssen Sie nur drei bis vier große, geschälte und gewürfelte Tomaten in Knoblauch und Olivenöl halbgar dünsten und anschließend mit Petersilie oder Basilikum abschmecken. Diese köstliche, knackig-frische Tomatensauce paßt am besten zu langen Nudeln wie Tagliatelle und Spaghetti. Sobald im Spätsommer die Kürbisse auf den Markt kommen, koche ich etwa 1 kg gewürfeltes Kürbisfleisch in Salzwasser weich, lasse die Würfel abtropfen und brate sie in Knoblauch und Olivenöl an, dann fülle ich mit einem halben Becher Sahne und 30 g geriebenem Parmesankäse auf und würze den Kürbis mit Muskatnuß oder Basilikum, um seinen Eigengeschmack hervorzuheben. Das Ganze wird im Mixer zu einer blaßorangenen Sauce püriert, die aufgewärmt vorzüglich zu Nudeln schmeckt. Auch frische Champignons, mit Knoblauch und Petersilie in Butter geschwenkt, sind eine herrliche Beigabe zu Nudeln. Die allseits beliebte Lasagne darf zwischen ihren Schichten aus Nudelplatten und Béchamelsauce auch schon einmal statt Rindfleisch geschmortes Gemüse, zum Beispiel Gurken, Auberginen und Tomaten, enthalten.

oben, links und gegenüber

Servieren Sie zum Mittagessen ein einfaches Nudelgericht mit selbstgezogenen Tomaten und frischen Gartenkräutern, dazu knuspriges Weißbrot und ein Glas kühlen Weißwein.

Kindergeburtstag

Wer meint, an Kindergeburtstagen würde etwas anderes verlangt als ›fast food‹, Süßigkeiten und Limonade, der irrt. Als meine Tochter sich zu ihrem 6. Geburtstag Pizza wünschte und ich ihr schweren Herzens die vor Konservierungsmitteln nur so strotzende Fertigpizza verweigerte, war ich aufgefordert, einen gesunden Ersatz zu schaffen, der ein enttäuschtes Geburtstagskind zufriedenstellen konnte. Ich schnitt knuspriges Brot in dicke Scheiben, röstete sie einseitig und rieb die andere Seite mit Knoblauch ein, träufelte Olivenöl darauf und belegte sie mit gekochten Tomaten. Das Ganze wurde im Grill mit geriebenem Parmesankäse überbacken und – es wurde ein Riesenerfolg! Bei der Limonade gab ich nach, wählte aber die blassesten Töne aus der angebotenen Farbpalette und stellte Krüge mit eisgekühltem Wasser dazu, das genauso begehrt war. Es gab aufgeschnittene Wassermelonen und Orangenschnitze – frisch aus dem Kühlschrank –, außerdem eine unverschämt große, mit Brombeeren und bunten Kerzen verzierte Schokoladentorte. Als Tischdecke wählte ich blaue Lackfolie aus und stellte hübsches Plastikgeschirr und Strohhalme in leuchtenden Farben aus dem Kaufhaus darauf, um Pappteller und -becher zu vermeiden.

links *Die Kombination der dezenten, blaßblauen Streifen der Tischdecke mit dem Türkis der Klappstühle verleiht diesem Eßplatz auf der Veranda Stil. Die klappbaren Regiestühle mit dem robusten Segeltuchbezug können nach der Sommersaison leicht im Haus verstaut werden. Einfache metallene Sturmlaternen, blaue Skabiosen und Kornblumen in Krügen runden das entspannte Bild entsprechend ab.*

gegenüber *Ein leckerer sommerlicher Schmaus ist dieses Himbeergelee in Dessertgläsern aus den 30er Jahren, die auf dem Trödel erstanden wurden. Köstlich ist auch der Pflaumenkuchen, den man zusammen mit einem Schälchen Crème fraîche servieren sollte.*

Sommerliche Süßspeisen

Wenn im Sommer die Beeren reifen, können Sie aus Erdbeeren, Kirschen und Stachelbeeren ohne große Mühe die leckersten sommerlichen Süßspeisen zubereiten. Meine Lieblingsspeise ist eine Fruchtcreme, die aus Stachelbeeren und Sauerrahm oder magerem Frischkäse hergestellt wird, dazu reiche ich Mürbeteigplätzchen. Zitronen, Quitten und Brombeeren bieten sich für weitere beliebte Cremespeisen an. Ein Obstboden aus einem köstlichen Teig wie *pâte sucrée* mit Pflaumen, Pfirsichen oder Äpfeln belegt, kommt immer gut an und schmeckt auch, wenn er noch warm ist. Echter Fruchtpudding aus Gelatine mit frischen Himbeeren, Erdbeeren, Pfirsichen oder Traubensaft sieht in Dessertgläsern sehr dekorativ aus und kommt genauso gut an wie eine Rote Grütze mit Johannisbeeren, Kirschen, Erdbeeren und Himbeeren.

Frühstück

Frisch aufgebrühter Kaffee, knuspriges Brot, Butter und selbstgemachte Marmelade sind für mich die Grundlagen eines gepflegten Frühstücks. Am besten schmeckt mir starker italienischer Kaffee aus einer altmodischen Espressomaschine und aufgebackenes Brot, falls es nicht ohnehin direkt aus der Bäckerei warm auf den Tisch kommt. Für geröstete Scheiben eines vollwertigen Brotes lasse ich gerne jedes Weißmehlbrötchen liegen. Verwöhnen Sie sich beim Frühstück mit Naturhonig und Marmeladen aus eigener Herstellung. Jedes Jahr im Januar, wenn die bitteren Sevilla-Orangen reifen, nehme ich mir vor, einen Vorrat Orangenmarmelade zu kochen, die die Spanier komischerweise selbst nicht mögen und als britische Eigenart ansehen. Auch zum Frühstück kommt bei mir regelmäßig frisches Obst auf den Tisch – im Sommer Feigen, Wassermelonen, Pfirsiche und Äpfel, im Winter saftige Orangen – oder, als einfache, alternative Vitamin-C-Zufuhr, ein großes Glas ungesüßter Orangensaft für jedes Familienmitglied. Abgesehen von den Ferien und den Wochenenden habe ich es am liebsten, wenn das Frühstück eine schnelle, praktische Mahlzeit ist, bei der der Tisch mit einfachem weißen Geschirr auf einer abwaschbaren Karodecke gedeckt wird.

gegenüber, oben und rechts

*Mit einem Frühstück im
Freien, bestehend aus frischem
Obst, Brot, Honig und einer
Tasse starkem Kaffee, kann
der Tag nur gut beginnen.
Eine abwaschbare Karotisch-
decke und einfache weiße
Teller und Becher sind dem
Anlaß angemessen. Selbst-
genähte Sonnensegel spenden
den nötigen Schatten.*

Stimmungen

Mag es auch wie ein Klischee klingen, der Aufenthalt im Freien, in der Natur und ihren Elementen – Wasser, Licht, Pflanzen und Düften – ist immer Balsam für die Seele. Kühl und köstlich empfängt uns die feuchte Gartenluft nach einem Regenguß, das Laub glänzt noch von Nässe, und die abgefallenen Rosenblätter kleben am Boden wie feuchtes Konfetti. An einem heißen Nachmittag, wenn jedes Schattenplätzchen zur kühlen Oase wird, kann es als höchstes Glück genossen werden, unter einem Baum auf dem lichtgesprenkelten Rasen zu liegen und ein erfrischendes Eis zu genießen. Die Natur hält auch zahlreiche Wohlgerüche für uns bereit, von Rosen und Geißblatt über aromatische Kräuter, wie Rosmarin und Lavendel, bis hin zum feuchten Dunst regennasser Erde. Oft rufen Gerüche Erinnerungen in uns wach: Frisch gemähtes Gras und eine bestimmte Rosensorte versetzen mich immer in meine Kindheit zurück. Und wenn die Temperaturen steigen, ist schon das plätschernde Geräusch eines Brunnens oder einer Gartendusche erfrischend. Versuchen Sie sich die Zeit zu nehmen, um sich auf die gleiche Weise in der Natur zu erholen, wie Sie sich auch im Winter mit einem guten Buch in einen Sessel an den Kamin zurückziehen. Sie können an warmen Tagen draußen frühstücken oder sich mit einer Decke ins Gras legen und endlich Ihren Roman zu Ende lesen.

Fauler Nachmittag

Ich erinnere mich an Nachmittage in meiner Kindheit, an denen wir in den Park gingen, wo wir auf einer Decke unter einem großen Baum saßen und Eis aßen, während an den Fenstern der gegenüberliegenden Geschäfte die heruntergelassenen Jalousien träge im Wind baumelten. Lange, faule Nachmittage verbrachte ich am liebsten mit einem Buch, einer Flasche Limonade und einer Schachtel Kekse im Schatten unseres großen Apfelbaumes. Wenn ich heute unter dem Sonnendach meines spanischen Hauses in den Himmel blinzele, fühle ich mich wie damals, und das Echo jener sorglosen Tage macht ausgedehnte, gemütliche Mahlzeiten mit Salaten, Brot und Käse in wohliger Wärme zum unübertroffenen Genuß.

links und gegenüber

Suchen Sie sich an den
langen, heißen Sommer-
nachmittagen einen Platz
im Schatten eines Baumes, wo
Sie ein gemütliches Mittag-
essen, bestehend aus frischem
Salat, Brot und saftigem
Obst, einnehmen können.

rechts *Ein friedlicher Londoner Garten nach dem Gewitterregen: Rosenblätter kleben am Boden, und das Blattlaub erstrahlt in frischem Grün.*
unten *Frauenmantel, schwer von glitzernden Regentropfen.*

Der regennasse Garten

Im Sommer ist das Wetter manchmal schwül und drückend. Die Temperaturen steigen, bis man das Stechen eines beginnenden Kopfschmerzes spürt. Die Kleider kleben einem am Leib, man verspürt einen ständigen Durst und trinkt entsprechend viel, und die geringste Hausarbeit ist unwahrscheinlich mühsam. Draußen regt sich kein Lüftchen, das Licht wird matt, und der Garten liegt wie in Erwartung der kommenden Ereignisse. Es riecht nach verdörrtem Gras und trockener Erde. Dunkle Gewitterwolken ziehen auf. Dann endlich fallen klatschend die ersten Regentropfen wie eine Erlösung in den Garten, erst einer, dann noch einer, bis sich der Himmel kübelweise auszuleeren scheint. Der Donner rumpelt und grollt, während Blitze über das Firmament zucken. Ein Sommergewitter ist unglaublich reinigend, und es ist ein herrliches Gefühl, danach zwischen den tropfenden Pflanzen spazierenzugehen und die feuchte, schwere, erdige Luft einzuatmen oder eine vollgesogene Wiese wie einen kühlen Schwamm unter den nackten Füßen zu spüren. Nach dem Guß ist das Grün der Pflanzen intensiver, die Blätter und Blüten glänzen wie Kiesel im Meer, und auf den feuchten Wegen sammeln sich spiegelnde Pfützen. Anspruchsvolle Gärtner fürchten Sommergewitter, weil sie meistens dann einsetzen, wenn die Vegetation am üppigsten ist. Tatsächlich kann ein starker Guß für preisgekrönte Blumen vernichtend sein, doch verleiht er den zerzausten, unter der Last der Regentropfen sich neigenden Sommerblüten eine besonders zarte Schönheit.

Düfte

Der berauschende Duft von Kletterrosen, der schwere Geruch des Jasmins oder die verhaltene Süße der Tuberose wecken Erinnerungen an andere Zeiten und Orte. Mit meiner Kindheit verbinde ich besonders den feinen Seifenduft der goldenen *Rosa* 'Peace', den kräftigen Duft von frischgeschnittenem Gras und den herben Geruch, der nach dem Tomatenpflücken an den Händen haften bleibt. Kräuter wie Lavendel, Thymian, Kamille und Rosmarin duften sehr intensiv. Der winterharte, immergrüne Lavendel ist leicht im Topf zu ziehen, eignet sich aber ebenfalls als dekorative Beetumrandung oder Einfassung. Seine Ähren mit den zarten lila Blüten sind typisch für den Sommer und entfalten einen köstlichen Duft, wenn man sie zwischen den Fingern zerreibt. Lavendel kann zu Sträußen gebunden zum Trocknen aufgehängt werden. Getrock-

nete Lavendelblüten, in kleine Säckchen und Duftkissen gefüllt, sorgen im Kleiderschrank für Frische. Man kann sie aber auch lose als Zutat für Duftmischungen verwenden. Thymian und Kamille sind hübsche, winterharte Kräuter, die zwischen Plattenwege gepflanzt beim Betreten ihr herrliches Aroma verströmen. Auch ein Kamillenteppich im Rasenbereich bringt Duft in den Garten. Thymian findet als Fisch- und Fleischgewürz Verwendung. Aus frischer Kamille läßt sich der allseits beliebte, beruhigende Tee brühen. Rosmarin ist ebenfalls leicht zu ziehen und sieht als niedrige Hecke, im Topf oder beschnitten entzückend aus. An meinem Herd hängen immer getrocknete Rosmarinstengel, mit denen ich alles würze, von Nudel- bis zu Hühnergerichten, und im Sommer schmücke ich den Tisch mit frischen Rosmarinsträußchen.

gegenüber, ganz links *Ein weicher grüner Thymianteppich, der in den Ritzen der Bodenplatten wächst, sieht nicht nur hübsch aus, sondern verströmt beim Betreten auch einen köstlichen Duft.*

links und gegenüber *Blühender Lavendel verbreitet ein angenehmes Aroma und kann getrocknet für Duftkissen und Duftmischungen verwendet werden.*

oben *Der leichte Klappstuhl mit dem lockeren Baum-wollüberzug im Schatten eines Olivenbaumes lädt dazu ein, sich ein wenig zurückzu-ziehen, um sich für ein oder auch zwei Stündchen un-gestört einem guten Buch widmen zu können.*

rechts *Ein schattiges Rasenstück unter einem Laubbaum ist hier mit Blechlaternen, einer traditio-nellen, moosbedeckten Holz-bank und einem alten Metall-tisch mit rot-weiß karierter Decke als gemütlicher Rück-zugsplatz ausgestattet. Ein Schälchen mit knackigen Radieschen wartet als gesunde Leckerei.*

Einfache Rückzugsmöglichkeiten

Heute, da wir uns weder zu Hause noch bei der Arbeit vor dem dauernden Piepen und Surren technischer Geräte schützen können, ist es besonders wichtig, daß wir Zeit und Raum finden, um uns wenigstens ab und zu in Ruhe hinzusetzen, nachzudenken, ein gutes Buch zu lesen oder einfach nur die Stimmung eines warmen Sommerabends auf uns wirken zu lassen. Schaffen Sie sich – etwa mit ihrem Lieblingsstuhl neben einem Rosenstock, an einem Sonnenfleck oder ganz einfach im hohen Gras – einen Ort der Besinnung. Hier können Sie mittags an einem Tischchen ein belegtes Brötchen mit gegrilltem Gemüse oder Käse und Salat zu sich nehmen und sich zum Nachtisch frische Erdbeeren gönnen. Auf meinem Dachgarten finde ich am schnellsten Erholung, denn dort kann ich in der kühlen Morgenluft frühstücken und dabei Radio hören und Zeitung lesen oder mich mittags mit einer Decke auf die Dielen in die Sonne legen. Manchmal beobachte ich auch abends, wie sich der Himmel rosa färbt, und genieße bei Kerzenschein den Frieden, der nur hin und wieder von der heulenden Sirene eines Polizeiautos auf dem Weg zum nächsten Unglück in der Stadt unterbrochen wird.

oben *Einfache Klappstühle in hübschen Farben sind praktisch für drinnen wie für draußen. Sie lassen sich mühelos im Garten umstellen – hier als bequeme Sitzgelegenheit mitten in einer Wildblumenwiese.*

unten links und rechts *Weiche Kissen können einer solchen herkömmlichen grünen Gartenbank zusätzlichen Sitzkomfort verleihen.*

Wasser

An einem heißen Tag sind ein paar belebende Schwimmzüge oder eine erfrischende Dusche die reinste Wonne. Aber schon das Geräusch von plätscherndem Wasser lindert die Qualen eines überhitzten Körpers. Ein Wasserhahn im Freien erleichtert das sommerliche Blumengießen ganz erheblich und liefert Ihnen das kühlende Naß schüsselweise zum Übergießen oder für Hand- und Fußbäder, wenn die Hitze unerträglich wird. Wer weder Platz noch Geld für einen Swimmingpool hat, sollte sich eine Gartendusche gönnen. Sie kann frei stehen oder an einer Mauer bzw. einem Zaun befestigt werden und vergönnt Ihnen dasselbe Gefühl, als stiegen Sie in einen erfrischenden Pool.

oben und rechts

Bringen Sie zur sommerlichen Erfrischung eine Dusche in einer geschützten Gartenecke an – zum Beispiel an einem Zaun oder an einer Mauer. Am stilvollsten wirken Dusch-köpfe und Rohre in einfachen, zweckmäßigen Formen. Ein praktischer Untergrund, der auch den Wasserabzug gewährleistet, wäre ein Keramikduschbecken oder ein Hartholzboden.

gegenüber *Genießen Sie die Vorteile eines im Garten installierten Wasserhahns: Er erleichtert das Blumen-gießen ganz enorm und läßt sich mit einer Blechschüssel, einem weichen Handtuch und Ihrer Lieblingsseife problemlos zum improvisierten Wasch-becken umwandeln.*

Milder Sommerabend

Nehmen Sie an einem milden Abend draußen im Freien wahr, wie das Licht weich und die Schatten länger werden. Betrachten Sie die Rotfärbung des Himmels, und nutzen Sie die friedliche Dämmerstunde, um sich auf Wesentliches zu besinnen. Gestalten Sie Ihren Raum im Freien als Oase des Friedens, die diese Ruhe widerspiegelt. Für die Ausstattung Ihrer ganz persönlichen Oase eignen sich Stoffe und Möbel in neutralem Weiß und Naturtönen, wie auf dem Patio unseres Hauses in Spanien, wo wir abendelang nichts anderes tun, als die milde Luft zu genießen. Ich schmücke den Tisch mit Blechlaternen und mit Sträußchen aus Tuberosen in einfachen Gläsern. Die bequemen Regiestühle mit den naturfarbenen Bezügen sind ideal zum Faulenzen. Wir grillen Fischfilets und essen dazu grünen Salat und Tomaten. Anschließend lädt die Mauerbank in unserem Hof mit ihrem blau-weiß gestreiftem Kissensortiment dazu ein, sich beim Kerzenschein aus Windlichtern und Blechlaternen lang auszustrecken.

rechts *Neutrale Farben auf einer Terrasse im Dämmerlicht.* **gegenüber** *Weiche Ruhekissen in zeitlosem Weiß und dezenten Streifen.*

rechts *Bei diesem Picknick an einem Spätnachmittag im Sommer geben Blau und Weiß den Ton an: eine karierte Baumwolldecke, dazu Liegestühle mit hübschen einfarbigen und gestreiften Baumwollbezügen.*

gegenüber *Packen Sie zum Tee im Grünen eine altmodische Proviantdose aus Blech mit Pfannkuchen, Brötchen, Marmelade oder Früchtebrot ein.*

Weiches Gras

Gras ist die beste Unterlage, wenn man draußen im Freien liegen und in den wolkenlosen Sommerhimmel blinzeln möchte. Es begegnet uns in vielerlei Gestalt: als top-gepflegter englischer Rasen, als struppige Spielwiese, als hohe Wiese mit sanft schaukelnden Gräsern und Blumen oder auch als gehätschelter Golfrasen. Es ist eine Wohltat, mit nackten Füßen durchs Gras zu gehen oder zwischen den kitzelnden Halmen Wiesenblumen zu pflücken und sie zu einem hübschen Kranz zu flechten. Früh am Morgen ist das Gras noch feucht und glänzt von silberhellen Tautropfen, nach dem Regenguß eines Sommergewitters fühlt es sich frisch an. Ein weicher Rasen ist der beste Ort, um ein Nachmittagslager im Schatten aufzuschlagen oder ein ausgedehntes Wochenend-Picknick zu genießen, bei dem man sich von der arbeitsreichen Woche erholen kann. In jedem Park lädt der Schatten der Bäume oder ein abgelegenes Sonnenplätzchen zum Verweilen und Genießen ein. Für ein einfaches Picknick im Gras genügen eine Tischdecke, auf der man das mitgebrachte Essen ausbreiten kann, und eine bequeme Wolldecke oder bei Bedarf auch ein paar leichte Liegestühle oder Bodenkissen, auf denen man es sich gemütlich machen kann.

Bildnachweis

Seite 7
Naturpergola im Garten von
Dean Riddle, Phoenicia, NY, USA.

Seite 8
Schuppen im Garten von
Dean Riddle, Phoenicia, NY, USA.

Seite 16
Farben von oben: Marston &
Langinger Warm White; Sanderson
Spectrum 4-19 Winter White;
Sanderson Spectrum 3-19 Sunny
White; Marston & Langinger Ivory;
Dessertschale, After Noah.

Seite 17
Blumenkasten im Staketenzaunstil,
Jerry's Home Store.

Seite 18
Blau-weiß-kariertes Platzdeckchen,
Crate & Barrel, USA.

Seite 19
Farben von oben: Marston & Langinger Silver Blue; Sanderson Spectrum 24-15 Blue Day; Sanderson
Spectrum 25-22 Columbine; Sanderson Spectrum 54-23 King's Blue.

Seite 20
Farben von oben: Marston &
Langinger Pistachio; Sanderson
Spectrum 40-04 Sunny Green;
Sanderson Spectrum 34-20 Grey
Green Light; Farrow & Ball Nr. 32
Cooking Apple Green.

Seite 23
Wollplaid, Designers Guild; Garten-
stuhl, IKEA; Nelken, McQueens;
Farben von oben: Brats Nr. 105
Constantinople; Sanderson
Spectrum 21-10 Fidelity; Sanderson
Spectrum 21-04 Lilac; Sanderson
Spectrum 23-05 Easter Egg.

Seite 24
Farben von oben: Marston &
Langinger Verona Pink; Brats Nr. 100
Cairo; Brats Nr. 108 Seville; Marston

& Langinger Terracotta; Blumentöpfe,
Smith & Hawken, USA.

Seite 25
Duftkerzen, Price's Patent Candle
Co; Servietten, Designers Guild;
Plastikteller und -besteck,
Woolworth's; Kürbisse,
Wayside Organics.

Seite 26
Farben von oben: Marston &
Langinger Sand; Marston & Langinger
Bamboo; Farrow & Ball Nr. 51
Sudbury Yellow; Sanderson Spectrum
6-23 Gobi Tan; Serviette und Platz-
deckchen, Crate & Barrel, USA.

Seite 27
Gelbe Schüssel,
El Corte Ingles, Spanien.

Seite 28–29
Haus von Ellen O'Neill,
Long Island, NY, USA.

Seite 36
Asteinfassung (unten links) und
Stockzaun (unten rechts) im Garten
von Dean Riddle, Phoenicia, NY, USA.

Seite 37
Garten von Timothy Leese und
Robert Chance, Norfolk; blaue und
grüne Lackfolie, Habitat; Liegestuhl
mit Baumwollbezug, Designers Guild;
Gartengatter von Nancy McCabe,
Nordwest-Connecticut, USA.

Seite 38–39
Garten von Nancy McCabe,
Nordwest-Connecticut, USA.

Seite 40
Schuppen im Kleingarten von
John Matheson, London.

Seite 42–43
Pflanzungen von Nancy McCabe
in ihrem Garten in
Nordwest-Connecticut, USA.

Seite 44
Mit Prion-Außenfarbe von
Crown-Berger gestrichener Zaun
im Garten von Vanessa de Lisle,
Modeberaterin, London.

Seite 45
Mit Außenfarbe von Crown-Berger
gestrichenes Rankgitter (oben links);
Rankstützen (rechts außen, oben und
Mitte) in Nancy McCabes Garten,
Nordwest-Connecticut, USA; Stock-
zaun (unten rechts) im Garten von
Dean Riddle, Phoenicia, NY, USA.

Seite 46
Von oben nach unten: Heckenschere,
Avant Garden; Schaufel, Gartenkelle
und Gabel, Clifton Nurseries; Reisigbesen, Avant Garden; Plastikschürze
und Gartenhandschuhe, Homebase;
Holztrog, Clifton Nurseries.

Seite 47
Von oben nach unten: Müllsack,
Homebase; Plastiktasche, Homebase;
andalusische Heugabel und alter
Spaten, Avant Garden; Bast und
Kordel, Homebase; hölzerne
Pflanzenschildchen, The Conran
Shop; Wellington-Stiefel mit
Lederfutter, Avant Garden.

Seite 48–49
Pflanztrog aus Metall,
The Conran Shop.

Seite 50
Verwitterte Tontöpfe, General
Trading Company.

Seite 51
Von oben nach unten: Hoher Topf,
Avant Garden; niedrige Schale, Avant
Garden; Rhabarbertopf, Avant Garden; Hängetopf, Clifton Nurseries,
mit weiß- und erdfarbenem Anstrich
von Cole & Son; alter Blumentopf
mit Amaryllis, The Conran Shop.

Seite 52
Von oben nach unten: Metalltrog,
The Conran Shop; Blechdose aus Me-
tall, Muji; Blecheimer, G J Chapman;
Blechkübel mit Lavendel, Paula Pryke
Flowers; Blecheimer, IKEA.

Seite 54
Grüne und blaue Plastikblumentöpfe,
The Conran Shop.

Seite 55
Blumenkasten im Staketenzaunstil,
Jerry's Home Store; hölzerne Saat-
schale, The Conran Shop; Blumenkasten aus Plastik, Clifton Nurseries,
hellblau angestrichen mit Farbe von
Farrow & Ball; Zierkohl, McQueens.

Seite 72
Bank, angestrichen mit Farbe Nr. 819
von Benjamin Moore & Co, USA.

Seite 74–75
1 Rippenbaumwolle, The Conran
Shop; 2 Baumwolle, Sanderson;
3 Leinen, Sanderson; PVC-beschichtete Baumwolle, John Lewis;
5 karierte Rohbaumwolle, Habitat;
6 verwaschene Baumwolle, The
Conran Shop; 7 Segeltuch in Natur,
John Lewis; 8 Baumwolleinwand,
Whaleys Ltd; 9 Baumwolle Habitat;
10 Baumwolle, Designers Guild;
11 Rippenbaumwolle, The Conran
Shop; 12 Seide, Designers Guild;
13 Rippenbaumwolle, Eigentum der
Autorin; 14 Rippenbaumwolle, The
Conran Shop; 15 Drillich, Ian Mankin;
16 Baumwolle, Ian Mankin;
17 gestreifte Baumwolle, Laura
Ashley; 18 karierte Baumwolle,
Ian Mankin; 19 Drillich, Ian Mankin;
20 PVC-beschichtete Viskose und
Polyester, John Lewis; 21 grobe
Rippenbaumwolle, Habitat; 22 einfarbige Baumwolle, Designers Guild;
23 Karobaumwolle, Designers Guild;
24 Rohbaumwolle, Habitat; 25, 26,
27 Lackfolie, Habitat.

Seite 76
Von links nach rechts: blaue Holz-
bank, IKEA; Schaukelstuhl mit Alurahmen, Graham & Green; weiß
gestrichener Holzklapptisch, Habitat.

Seite 77
Von oben nach unten: Holztisch,
IKEA, gestrichen mit Monsoon 1030,
Dulux Definitions; Liegestuhl, Jerry's
Home Store; Klapptisch, IKEA;

Sonnenliege mit Alurahmen, Graham & Green; alter Liegestuhl mit grünem Karobezug, Designers Guild.

Seite 78–79
Krug, Ruby Beets Antiques, USA.

Seite 80
Von oben nach unten: Windlichter aus Glas, Jerry's Home Store; Windlicht aus Glas, The Dining Room Shop; Teelicht, IKEA; Kerzen, Price's Patent Candle Co; Sturmlampe, Jerry's Home Store; Glaslaterne, B'zar.

Seite 82
Von oben nach unten: Plastikschüssel, Divertimenti; Holztablett, Habitat, gestrichen mit Sanderson Spectrum 23-05 Easter Egg; Fliegenhaube, Divertimenti; Plastikbecher, Debenhams; Duralex-Trinkglas, The Conran Shop; Glaskrug, Staines Catering Equipment; Plastikdose, Divertimenti; emaillierter Blechteller, Blacks Camping Shop.

Seite 83
Von oben nach unten: Plastikteller und -besteck, Woolworth's; Griechischer Grill, Young & D; Gingham Papierservietten, Paperchase; Orange-pink-karierte Serviette, Designers Guild; Thermoskanne, Blacks Camping Shop; Wasserkessel, Eigentum der Autorin; weiße Plastikschüssel, Staines Catering Equipment; Metallkrug Jerry's Home Store.

Seite 86–87
Stuhl- und Baumwollbezüge, The Conran Shop.

Seite 88
Blau-weiß-gestreifte Baumwollkissenbezüge, Ralph Lauren Home Collection, USA; oben: Haus von Ellen O'Neill, Long Island, NY, USA; unten links und rechts: Haus von Dean Riddle, Phoenicia, NY, USA.

Seite 89
Haus von Ellen O'Neill Long Island, NY, USA.

Seite 90
Metallsieb, After Noah; Stuhl und Holzspalier angestrichen mit Sanderson Spectrum 39-03 Salad Green; karierte Plastiktischdecke, John Lewis; Gießkanne, Tobias and the Angel.

Seite 91
Blaukarierte Wolldecke, Melin Tregwynt.

Seite 94
Blau-grüne Decke, Tobias and the Angel; Krug, The Conran Shop; Gartenstühle, Habitat.

Seite 95
Klapptisch aus Holz, Habitat.

Seite 96
Klappstühle, Habitat, mit Bezügen aus Baumwollstoff von Whaleys Ltd; Fliegenhaube, Divertimenti; hölzerner Fliegenschrank, After Noah.

Seite 97
Schuhregal aus Draht, After Noah.

Seite 98
Blaukarierte Baumwolldecke, Designers Guild; weiße Schüssel, The Conran Shop.

Seite 99
Blecheimer, IKEA; Lorbeerbaum, Clifton Nurseries.

Seite 100–101
Garten von Nick und Hermione Tudor, Finca El Moro, Spanien.

Seite 102
Plastikblumenkästen, Clifton Nurseries, gestrichen in hellblauer Farbe von Farrow & Ball.

Seite 103
Blumenkasten aus Zedernholz, Clifton Nurseries; Ort: Haus von David und Carolyn Fuest, London.

Seite 104–105
Blumen- und Gemüsegarten von

Dean Riddle, Phoenicia, NY, USA.

Seite 108
unten rechts: Kleingarten von John Matheson, London.

Seite 109
Blaue Bank, IKEA.

Seite 110
Blumen- und Gemüsegarten. von Nancy McCabe, Nordwest-Connecticut, USA.

Seite 112
Blecheimer, IKEA und G J Chapman; kleiner Metallkübel, Paula Pryke Flowers.

Seite 113
Pflanztröge aus Metall, The Conran Shop.

Seite 115
Hühnerstall im Garten von Nancy McCabe, Nordwest-Connecticut, USA; Stockzaun im Garten von Dean Riddle, Phoenicia, NY, USA.

Seite 117
Blumen- und Gemüsegarten von Dean Riddle, Phoenicia, NY, USA.

Seite 118
Kräuter- und Gemüsegarten von Nancy McCabe, Nordwest-Connecticut, USA.

Seite 120
Trinkgläser, El Corte Ingles, Spanien; Fliegenhaube, Divertimenti.

Seite 124
Fliegenhauben, Ruby Beet Antiques, USA; Windlichte, Habitat; Krug und Schüsseln, The Conran Shop; Blumenkübel aus Metall, The Conran Shop.

Seite 127
Gartenstühle und Klapptische aus Holz, weiß gestrichen, Habitat.

Seite 128–129
Lackfolie, Habitat; Strohhalme, IKEA.

Seite 130
Karodecke und Karoservietten, Designers Guild; orangene

Baumwolltischdecke, The Conran Shop.

Seite 132
Metallsturmlampen, Jerry's Home Store; Metallkrug, Jerry's Home Store; gestreifte Tischdecke und Stoffservietten, Jerry's Home Store; Regiestühle, Old Town.

Seite 133
Dessertschalen, After Noah; Tablett, Habitat, gestrichen mit Sanderson Spectrum 23-05 Easter Egg.

Seite 134
Weiße Teller, IKEA.

Seite 136–137
Garten von Vanessa de Lisle, Modeberaterin, London.

Seite 138–139
Garten von Lisa Bynon und Mona Nehrenberg, Sag Harbor, NY, USA.

Seite 140–141
Garten von Vanessa de Lisle, Modeberaterin, London.

Seite 144
Karierte Baumwolltischdecke, Designers Guild.

Seite 146
Emailschüssel und Geschirrtuch, The Conran Shop.

Seite 147
rechts: Garten von Lisa Bynon und Mona Nehrenberg, Sag Harbor, NY, USA.

Seite 148
Regiestühle, Heal's.

Seite 149
weißer Holzklapptisch, Habitat; Bezüge aus breitgestreiftem Baumwollstoff, Laura Ashley; aus schmalgestreiftem Stoff, Ian Mankin.

Seite 150
Karotischdecke, Divertimenti.

Seite 151
Proviantkiste aus Metall, Muji.

Seite 152–153
Blumen- und Gemüsegarten von Dean Riddle, Phoenicia, NY, USA.

Hersteller und Händler

Deutschland:

Flohmarkt
Oranienburger Str. 27
10178 Berlin
(samstags von 10.00 Uhr bis 16.00 Uhr;
hier findet man vom Duschschlauch bis zu
Art-Deco-Möbeln alles)

Tessuti
Stadtbahnbogen 580
10623 Berlin
(italienische Stoffe)

Lammfromm & Vogel
Mansfelder Str. 37
10709 Berlin
(außergewöhnliche und modische Stoffe)

Schneller Wohnen Magazin
Pohlstr. 58
10785 Berlin
(viele günstige Kleinigkeiten in sehr großer
Auswahl)

KadeWE
Tauentzienstr. 21-24
10789 Berlin

Laura Ashley (im KadeWe)
Tauentzienstr. 21-24
10789 Berlin

Markt am Maybachufer
12047 Berlin
(jeden Freitag Vormittag)

Gartenzentrum
Späthstr. 80/81
12437 Berlin

IKEA
Ruhlebener Str. 23
13597 Berlin

Bajon Berlin's Garten Center
Charlotte Bajon
Spandauer Damm 252-268
14052 Berlin

(Gartenmöbel und handgefertigte
Terrakottaware)

Laura Ashley
Niedernstr. 14
33602 Bielefeld

IKEA
Südring 7
33647 Bielefeld

Carl Knauber
Endenicher Str. 120-140
53115 Bonn
(Terrakotta jeglicher Art –
handgefertigt)

Otto Lingens GmbH
Balkumer Str. 33
49565 Bramsche-Balkum
(Bodenfliesen aus Terrakotta)

IKEA
Hansestr. 27
38112 Braunschweig

Moderne Wohnkultur
Daniel Georges
Wiltmershauser Str. 104
28197 Bremen

Thompson & Morgan
über Siebers Samenversand
Christernstr. 59
28309 Bremen
(Saatgut)

IKEA
Im Neefpark 5
09117 Chemnitz

Tischzeit
Anna Demes-Vortmeyer
Rosa-Luxemburg-Str. 11
44141 Dortmund

Magazin
Grüne Str. 16
01067 Dresden
(vom Bauhausklassiker bis zu
Messeneuheiten; designorientierter
Einrichtungsbedarf)

Dehner Gartencenter
Marienberger Str. 61
01279 Dresden

Elbemarkt
Elbufer/Nähe Sachsenplatz
01307 Dresden

(Trödelmarkt; jeden Samstag von Frühjahr bis
Herbst, 9 bis 14 Uhr)

Habitat Deutschland
Berliner Allee 15
40212 Düsseldorf
(Möbel und Accessoires im Landhausstil)

Laura Ashley
Hunsrücker Str. 43
40235 Düsseldorf

La Terra
Ackerstr. 204
40235 Düsseldorf
(modische und exotische Wohnaccessoires)

Radschlägermarkt
Ulmenstr. 275
40478 Düsseldorf
(Trödelmarkt; jeden 2. Sonntag
von 11 bis 17 Uhr)

interform Design
Gärtner GmbH
Egbertstr. 65
40489 Düsseldorf
(im Versand: Ausgezeichnetes Design,
zum Schenken und Behalten)

IKEA
Liebigstr. 1
85386 Eching b. München

UnoPiu Europa
Am Dornbusch 24-26
64390 Erzhausen
(Möbel und Accessoires)

Garpa
Garten & Park Einrichtungen
Kiehnwiese 99
21039 Escheburg bei Hamburg

IKEA
Altendorfer Str. 2
45127 Essen

Philip Morris Design Shop
Pforzheimer Str. 176
76275 Ettlingen

Udo Noller Gartendesign
Gartenstr. 5
74427 Fichtenberg

Absolut Ffm
Berliner Str. 56-58
60311 Frankfurt/Main
(Accessoires bekannter Hersteller)

Laura Ashley
Goethestr. 3
60313 Frankfurt/Main

Magazin
Hanauer Landstr. 161-173
60314 Frankfurt/Main

Winsby
Schopenhauerstr. 4
60316 Frankfurt/Main
(ausgesuchte Accessoires
für Haus und Garten)

IKEA
Auerstr. 4
(Industriegebiet Nord)
79108 Freiburg

IKEA
Hans-Vogel-Str. 113
90765 Fürth

Landleben Moll
Vordere Karlstr. 57
73033 Göppingen
(klassische Gartenmöbel
und Stoffe)

IKEA
Isernhäger Str. 14
30938 Großburgwedel

IKEA
Nordpark 17
(Saalepark)
06254 Günthersdorf
Halle/Leipzig

Optima
über Unipromotion
Gertrudenkirchhof 10
20095 Hamburg
(Picknickzubehör)

Octopus
Grindelhof 9
20146 Hamburg
(Wohnaccessoires)

Marston & Langinger Ltd.
Milchstr. 28 A
20148 Hamburg
(Farben und Stoffe)

House & Garden
Mittelweg 117a
20149 Hamburg
(Deko-Accessoires,
Mobiliar im Landhausstil)

Low Budget
Eppendorfer Baum 20
20249 Hamburg
(Glas und Porzellan in schlichten Former
zu bezahlbaren Preisen)

Nessel spezial
Lehmweg 52
20251 Hamburg
(Nessel-, Leinen- und Hanfstoffe)

Ansonetti
Mansteinstr. 12
20253 Hamburg
(Picknickzubehör)

Clic
Neuer Wall 69
20354 Hamburg
(Möbel in Holz und anderen
Naturmaterialien)

KA International
Colonnaden 3
20354 Hamburg
(Stoffe in großer Auswahl)

Laura Ashley
Neuer Wall
20354 Hamburg

Arnd's Balkon & Kübelbepflanzung
Semperstr. 88
22303 Hamburg

Magazin – Home & Garden Collection
Golbkeplatz 1
22303 Hamburg

Pflanzenforum
Eulenburgstr. 198
22359 Hamburg

IKEA
Wunderbrunnen 1
22457 Hamburg

Art & Garden Versand
Luzerneweg 2a
22589 Hamburg

John Gudewer & Sohn
Gartenmarkt
Sülldorfer Landstr. 268
22589 Hamburg
(handgefertigte Terrakotta und mehr)

The Conran Shop im Stilwerk
Große Elbstr. 68
22767 Hamburg

Fischmarkt in St. Pauli
22767 Hamburg
(sonntags von 5 bis 10 Uhr;
im Winter ab 7 Uhr)

Möbel Marks im Stilwerk
Große Elbstr. 68
22767 Hamburg

Wood, Steel & More
Postfach 11 48
22947 Hamburg

IKEA
Oderstr. 21
(Industriegebiet Nord)
63452 Hanau

Laura Ashley
Georgstr. 36
30159 Hannover

Magazin
Lister Meile 46
30161 Hannover

BNJ – Bailie Nicol Jarvie
– Country Living –
Industriestr. 4
74736 Hardheim

Pusteblume-Versand
Königsberger Str. 12-14
27243 Harpstedt
(Picknickzubehör)

Kirchner Garten & Teich
Espenschieder Weg 1
65321 Heidenrod
(Gartengestaltung)

IKEA
Am Wandersmann 2-4
65719 Hofheim-Wallau

Krause
Rüttihofstr. 1
77749 Hohberg-Diersburg
(historische Baustoffe und Natursteine)

Artbeat
Versand
Hahnenkamp 29a
25358 Horst
(Gartengeräte und -zubehör)

Ralph Eid
Gerbersdorf 25
84381 Johanniskirchen
(Gartengestalter)

IKEA
Düsselstr. 2-6
(Gewerbegebiet Ost)
41564 Kaarst

IKEA
Zollpost 6
59174 Kamen b. Dortmund

IKEA
Heinrich-Hertz-Str. 25
34123 Kassel

Stephan Kirchner
25980 Keitum/Sylt
(Gartenmöbel und -zubehör)

Absolut Köln
Apostelnstr. 24-26
50667 Köln

Laura Ashley
Hohe Str. 160-168
50667 Köln

Dobb's Ferry
Benesisstr. 31
50672 Köln
(Heimtextilien und Accessoires im
»Good Old Style« der Neuengland-Staaten)

Magazin
Luxemburger Str. 48-58 und 61
50674 Köln
(ausgefallenes Einrichtungshaus)

Fetten in Deutz
Deutzer Freiheit 88
50679 Köln
(Alles für die Küche)

Nippeser Markt
Wilhelmplatz
50733 Köln
(Montag bis Samstag von 9.00 bis 13.00 Uhr;
Nesselstoffe in allen Breiten und Qualitäten
und viele andere preisgünstige Stoffe)

Dinger's Garten-Center
Gunter Dinger
Goldammerweg 361
50829 Köln

OBI Gartenparadies
Dürener Str. 458
50858 Köln

IKEA
Godorfer Hauptstr. 171
50997 Köln-Godorf

G. Benkert
Erbrechtshausen-Schafhof
97486 Königsberg
(Einrichtungen für Garten und Parks)

Habit – Modernes Design
Ulrich Lodholz
Im Heider Feld 2
51515 Kürten-Engeldorf

Cappellini
über Novus Wohnbedarf
Zeppelinstr. 9
88471 Laupheim .
(Gartenmöbel und -zubehör)

Living Stones
Marktplatz 10
88471 Laupheim

Antikflohmarkt am Nikolaikirchhof
04109 Leipzig
(jeden letzten Samstag im Monat
von 14 bis 20 Uhr)

DOM
Neumarkt 31
04109 Leipzig
(Gläser, Vasen und Dekorationen)

Stilgalerie
Lützowstr. 11
04155 Leipzig
(Möbel und Wohnaccessoires)

Raum & Textil
Heiterblickallee 2-4
04329 Leipzig
(Stoffe, Keramik und vieles mehr)

Ambiente Raum und Design
Hauptstr. 110
68239 Mannheim-Seckenheim

Gunther Lambert
Konstantinstr. 303
41238 Mönchengladbach
(Landhausstil-Eisenmöbel
und Wohnaccessoires)

arte toscana
Dave G. Egger
Eglinger Str. 18
82544 Moosham
(Terrakotta aus Italien)

Lorenzo Rubelli
Habsburger Platz
80801 München
(Stoffe in großer Auwahl)

Laura Ashley
Sendlinger Str. 35
80331 München

Osborne & Little
Josephspitalstr. 6
80331 München
(Stoffe in großer Auswahl)

Gallery M.
Schleißheimer Str. 6
80333 München
(unzählige Möbel und Wohnaccessoires)

KARE
Augustenstr. 10
80333 München
(große Auswahl an Trendmöbeln
und Wohnaccessoires)

Viktualienmarkt
Am Viktualienmarkt
80333 München
(der bekannteste und schönste Wochen-
markt Münchens;
montags bis freitags von 10 bis 18.30 Uhr,
samstags von 10 bis 14 Uhr)

Flohmarkt Arnulfstraße
Gelände des ehemaligen Containerbahnhofs
80335 München
(freitags und samstags von 7 bis 17 Uhr)

Designers Guild
Sendlinger-Tor-Platz 6
80336 München

Dehner Gartencenter
Frauenstr. 8
80469 München

Magazin
Rumfordstr. 3
80469 München

Thimian
Müllerstr. 3
80469 München
(Stoffe, Porzellan und andere Accessoires im
Landhausstil, aber auch Designklassiker und
neues, avantgardistisches Möbeldesign)

design funktion
Schleißheimer Str. 141
80797 München

Landpartie
Kurfürstenstr. 12
80799 München
(Möbel und Accessoires im Landhausstil)

Gunther Lambert
Konstantinstr. 303
81238 München

Gartencenter Münsterland
Handorfer Str. 105
48157 Münster

Traditional Picnics
Parallelstr. 40
66538 Neunkirchen

Weber Barbecues/Le Creuset
Zeppelinstr. 9
73274 Notzingen
(Picknickzubehör)

Sahco Hesslein
Postfach 51 01 52
90215 Nürnberg
(Stoffe in großer Auswahl)

Teak & Garden
Schmidt-Paris GmbH
21465 Reinbek-Ohe

IKEA
Hanns-Martin-Schleyer-Str. 2
71063 Sindelfingen

Weishäupl
Möbelwerkstätten GmbH
Neumühlweg 9
83071 Stephanskirchen
(Gartenmöbel)

IKEA
Schulstr. 110-114
28816 Stuhr b. Bremen

Magazin
Lautenschlägerstr. 16
70173 Stuttgart

Markthalle
Mea und Benzing
Dorotheenstr. 4
70173 Stuttgart

Dehner Gartencenter
Grenzstr. 14
70435 Stuttgart

Gardena
Hans-Lorenser-Str. 40
89070 Ulm
(Gartengeräte und -zubehör)

OBI Gartenparadies
Feringastr. 6

(Gewerbegebiet Süd)
85774 Unterföhring b. München

IKEA
Am Rondell 8
15732 Waltersdorf b. Berlin

IKEA
Josef-Reiert-Str. 9
69190 Walldorf b. Heidelberg

Die Gartengalerie
Wössinger Str. 15
75045 Walzbachtal
(Gartenmöbel und Blumentöpfe)

Artisane
Postfach 15 49
59358 Werne
(Terrakotta)

Kinnasand
Danziger Str. 6
26655 Westerstede
(Stoffe im skandinavischen Design)

Abbastanza
Goldgasse 2
65183 Wiesbaden
(Möbel und Accessoires
bekannter Hersteller)

Müller & Kühns Stilbruch
Seerobenstr. 32
Am Zietenring 5
65195 Wiesbaden

Ambiente
Ruhrstr. 42-44
58452 Witten

Garten-Galerie F. Marquardt
Keitumer Landstr. 20
25980 Tinnum/Sylt
(original handgefertigte Terrakotta
aus Italien, englische Gießkannen)

England:

Avant Garden
77 Ledbury Road
London W11
(vom Tonschäufelchen bis zu kunstvollen
Eisenmöbeln: alles für den Garten)

Bluebird
350 King's Road
London SW3
(grüne Ware von hervorragender Qualität)

Clifton Nurseries
5a Clifton Villas
London W9
(Londons bestes Gartencenter: Pflanzen,
Möbel und ausgefallene Accessoires)

Garden Store
11 Flash Walk
London NW3
(Fundgrube für Gartenaccessoires)

Portobello Road Market
Portobello Road/Westbourne Grove
London W11
(samstags von 8.30 bis 17.30 Uhr)

Summerhill & Bishop
100 Portland Road
London W11
(Küchenladen, große Auswahl an Geschirr
und anderem Garten-Zubehör)

Wild at Heart Flowers
49a Ledbury Road
London W11
(ausgesucht schöne Blumen)

Old English Roses
David Austin Roses
Albrighton
Wolverhampton WV7 3HB
(über 900 Kletter- und Heckenrosen)

Frankreich:

The Conran Shop
117 rue du Bac
F-75005 Paris

Catherine Memmi
32-34 Rue Saint Sulpice
F-75006 Paris
(Baumwoll- und Leinenstoffe)

Vert Vous
91 Boulevard Raspail
F-75006 Paris
(Gartenbedarf jeder Art)

Marché aux Puces Porte-de-Montreuil
Avenue Girardot
Paris
(der Geheimtip unter den Pariser
Flohmärkten; jeden Samstag, Sonntag und
Montag von 6.30 bis 13.00 Uhr)

IKEA
101 Rue Pereire
F-78105 St. Germain-en-les-Lays

Österreich:

154
Werdenbergerstr. 2-4
A-6700 Bludenz

IKEA
Shopping Center West
Weblinger Gürtel 25
A-8054 Graz

IKEA
Ikeaplatz 1
A-4053 Haid

Pflanzenwelt
Karl Langer
Stadtbergweg 8
A-8280 Fürstenfeld

**Haidacher – Werkstätte
für Schönes Wohnen**
A-6370 Kitzbühel

Herbert Walch
Handwerk im Trend
A-6764 Lech

**Fachmarkt Blumen &
Garten Nimmervoll**
Leonfeldnerstr. 204
Haselbachstr. 4
A-4040 Linz

Peter Schandl Decor
Dametzstr. 53
A-4042 Linz

Garpa
Garten & Park Einrichtungen
Neutorstr. 19
A-5020 Salzburg

**Karl Weber – Werkstätte
für Schönes Wohnen**
Ignaz-Harrer-Str. 20
A-5020 Salzburg

Wohndesign Peter Sandriesser
Hauptplatz 11
A-9500 Villach

IKEA
Einrichtungshaus Vösendorf
Shopping City Süd
A-2334 Vösendorf

Wohndesign Mark Franz
Innsbruckerstr. 8
A-6112 Wattens

Beck, Koller & Co.
Walfischgasse 15
A-1010 Wien
(Farben, Lacke, Malzubehör)

Ehrenfreund
Naglergasse 26
A-1010 Wien
(Farben, Lacke, Malzubehör)

Frech & Co.
Himmelspfortengasse 20
A-1010 Wien

Ostovies
Stephansplatz 9
A-1010 Wien
(Geschirr, Designware, Gläser, Bestecke)

Rasper und Söhne
Am Graben
A-1010 Wien
(Porzellan, Gläser, Vasen, Bestecke)

Silesia
Vorlaufstr. 3
A-1010 Wien

Slama
Mariahilfer Str. 71
A-1061 Wien
(Porzellan, Gläser, Vasen, Bestecke)

Komolka
Mariahilfer Str. 58
A-1070 Wien
(Stoffe)

Ostovies
Zieglergasse 74
A-1070 Wien
(Geschirr, Designware, Gläser, Bestecke)

Beck, Koller & Co.
Neilreichgasse 105
A-1100 Wien

Komolka
Laxenburger Str. 73
A-1100 Wien
(Stoffe)

O. Kubelka
Thaliastr. 49
A-1160 Wien
(Farben, Lacke, Malzubehör)

Rasper und Söhne
Grinzinger Allee 25
A-1190 Wien

**Karl Weber – Werkstätte
für Schönes Wohnen**
Anton-Wallner-Str. 13
A-5700 Zell am See

Schweiz:

Wohnkaleidoskop Urs Hess
Gerechtigkeitsgasse 35
CH-3011 Bern

Otto Meyer
CH-6233 Büron
(antike Baumaterialien: Ziegel,
Tonplatten, Kopfsteinpflaster)

IKEA
Moorstr. 3
CH-8305 Dietlikon/Zürich

Stiva Sturmir
Promenade
CH-7018 Flims-Waldhaus

Eckhardt Natursteine
Maiaderstr. 44
CH-8604 Hegnau-Volketswil

Punto Casa
Alte Landstr. 160
CH-8700 Küsnacht

IKEA
Bernstr. 25
CH-3421 Lyssach b. Bern

Garten-Center
Pflanzenparadies für Heim und Garten
Staatsstr. 181
CH-3044 Säriswil

IKEA
Bahnhofstr. 134
CH-8957 Spreitenbach/Zürich

Garpa
Garten & Park Einrichtungen
Lavaterstr. 40
CH-8002 Zürich

Flohmarkt
Stadthausanlage am Bürkliplatz
CH-Zürich
(jeden Samstag in der Zeit
vom 3. Mai bis 25. Oktober,
6.00 Uhr bis 15.30 Uhr)

Danksagung

Es hat großen Spaß gemacht, das Buch *Pure Style Outside* zusammenzustellen. Ohne die Unterstützung der Mitarbeiter von Ryland, Peters and Small wäre es nie zustandegekommen. Mein besonderer Dank gilt Jacqui Small, Anne Ryland, David Peters, Penny Stock, Zia Mattocks and Janet Cato.

Fiona Craig-McFeely und Alice Douglas waren großartige Assistentinnen. Mein Dank geht auch an Clair Wayman, Jen Gilman (unsere einsatzfreudige Kinderfrau), Lynda Kay und Robert Davies für seine kompetente Hilfe in Spanien.

Mit Engagement, Humor und Begeisterung machte die Fotografin Pia Tryde ihre herrlichen Fotos. Ich möchte auch Nick Pope und Ian Skelton für die hervorragenden Detailfotos danken.

Mein Dank gilt auch den folgenden Personen, die mir freundlicherweise gestatteten, Aufnahmen von ihren Gärten zu machen: John und Colleen Matheson, The Manor Gardening Society, Nancy McCabe, Dean Riddle, David und Carolyn Fuest, Humphrey und Isabelle Bowden. Nick und Hermione Tudor, Vanessa de Lisle, Karl und Pia Sandeman, Lisa Bynon und Mona Nehrenberg, Timothy Leese und Robert Chance. Besonders danke ich meiner New Yorker Freundin Tricia Foley für ihre Unterstützung und Gastfreundschaft und Ellen O'Neill, die mir noch einmal sehr großzügig ihr Haus auf Long Island öffnete.

Ich umarme Alastair, Tom, Georgia, Grace und meine Eltern, John und Jean, die erneut meine Ängste und inneren Qualen beim Produzieren eines Buches aufgefangen und ertragen haben.

Register